3,-

Über dieses Buch

»Wir, die wir weder lesen noch schreiben können, haben einen Haufen Zeit, und das ist auch der Grund, weshalb wir mehr wissen als ihr.« Dieser Ausspruch eines Sklaven ist mehr als nur ein sarkastischer Witz. Gerade weil die Schwarzen von der Schrift- und Lesekultur der weißen Zivilisation über lange Zeit hin ausgeschlossen worden waren, erhielt und entwickelte sich bei ihnen eine reichhaltige, eigenständige Tradition mündlichen Erzählens. Daher liefern die Märchen ein eindrucksvolles Zeugnis von der Eigenart, der Würde und der — selbst durch Folter und Terror nicht zu brechenden — Lebendigkeit der Menschen schwarzer Hautfarbe in den USA. Die Motive reichen von Afrika und dem Alten Süden über Himmel und Erde, Voodoo, Hexen und Gespenster bis zu den Protestgeschichten und den Sagas der Vorbilder.

Der Herausgeber

Frederik Hetmann (Hans-Christian Kirsch), geboren 1934 in Breslau, studierte Sprachen und politische Wissenschaften in Frankfurt/M., München und Madrid. Mitglied des PEN Clubs. Lebt heute als Verlagslektor in Wiesbaden. Wichtigste Veröffentlichungen: »Mit Haut und Haar« (1961), »Blues für Ari Loeb« (1961), »Amerika Saga« (Deutscher Jugendbuchpreis 1965), »Das schwarze Amerika — Vom Freiheitskampf der amerikanischen Neger« (1970), »Bitte nicht spucken«, Kindergeschichten (1972), »Ich habe sieben Leben, die Geschichte des Ernesto Guevara, genannt Che« (Deutscher Jugendbuchpreis 1973), »Treiben wie ein Baum im Fluß« (1973). Im Fischer Taschenbuch Verlag erschienen: »Einladung nach Spanien« (Bd. 1247), »Indianermärchen aus Nordamerika« (Bd. 1110), »Irische Märchen« (Bd. 1225), »Nordamerikanische Märchen« (Bd. 1390), »Keltische Märchen« (Bd. 1593).

Frederik Hetmann

Märchen des
Schwarzen Amerika

Fischer
Taschenbuch
Verlag

Originalausgabe
Fischer Taschenbuch Verlag
 1.—20. Tausend: Mai 1974
21.—27. Tausend: März 1975
28.—35. Tausend: Februar 1976

Umschlagentwurf: Jan Buchholz / Reni Hinsch

Fischer Taschenbuch Verlag GmbH, Frankfurt am Main
© Fischer Taschenbuch Verlag GmbH, Frankfurt am Main, 1974
Gesamtherstellung: Hanseatische Druckanstalt GmbH, Hamburg
Printed in Germany
380-ISBN 3 436 01947 X

Inhalt

Vorwort   9

I Aus Afrika und dem Alten Süden

Wie die Schwarzen und die Weißen entstanden   20
Wie Gott die Schmetterlinge erschuf   20
Warum die Affen wie Menschen aussehen   22
Warum die Menschen arbeiten müssen   31
Wie die Klapperschlange ihre Klappern bekam   32
Das Mädchen mit den großen Augen   37
Der Sohn des Kim-ana-u-eze und die Tochter von
   Sonne und Mond   39
Jack und des Teufels Tochter   44
Das Teerbaby   52
Bruder Kaninchen lehrt den Bären ein Lied   54
Bruder Fuchs und Bruder Kaninchen am Brunnen   55
Schwester Gans und Bruder Fuchs   56
Bruder Kaninchen und die Wassermelonen   57
Bruder Kaninchens Sohn und der Teufel   58
Bruder Waschbär geht auf die Hausparty bei Miss Fox   59
Die Landschildkröte fährt in die Wolken   61
Die Geschichten von John und dem Alten Herrn   62
   Große Füße   62
   Ein Schwein und ein Schaf   63
   Der Mojo   63
   Schwarze Träume — weiße Träume   65
   Das Buchstabieren   65
   Organisiert   66
   Der schwarze John und der Alte Herr
     wollen in den Himmel   67
Abraham erklärt den Schuß seines Herrn   68
Lias Offenbarung   69
Onkel Bobs Reise nach Neu-England   70
Pompey und der Herr   70
Ein Sklavenrätsel   73

II Im Himmel und auf Erden

Adam und Eva	76
Wie die Dummheit in die Welt kam	81
Noah	82
Der Mann, der aus Johnstown in den Himmel ging	85
Denken überflüssig	87
Zukunftsprobleme	87
Der Fels	88
Weihnachtsgeschenk	89
Lula	90
Ruiniert	90
Demokratie im Himmel	91
Die-Wah-Die, ein Ort, den nur die Schwarzen kennen	92

III Voodoo, Hexen und Gespenster

Voodoo	96
Voodoo-Riten	96
Voodoo und Hexen	98
Voodoo-Rezepte	99
Vier schwarze Katzen und anderes mehr	100
Des Teufels Wohnung in New Orleans	104
Die Seejungfrauen	105
Das Bell-Gespenst in Tennessee und Mississippi	107

IV Protestgeschichten

Weiß gewinnt immer	118
Pferdefliege	118
Ein Schwein	119
Law & Order	120
Weiße Frau	120
Süden	121
Noch gut dran	121
Samstagabend	122
Vater und Sohn	122
In Arkansas	123
Schnelle Abreise	124
Rechnungsfehler	124
Bleib weg von meiner Weide	125
Nie eine Badewanne gesehen	126
Mutterwitz	126

Rotes Licht	127
Kälteres Eis	127
Die Weißen erziehen	127
Die eigene Soße	128
Strafen	129
Diener	129
Herr Maultier	130
Landstreicher	131
Der Gouverneur	132
Neutralität	132

V Sagas der Vorbilder

High John, der Eroberer	136
Annie Christmas	145
Bras Coupé	147
John Henry	148
Railroad Bill	151
Daddy Mention	153
Daddy Mention und die Polizisten	154
Daddy Mentions Flucht	155
Stagolee	158
Frankie und Albert	162

Quellenverzeichnis	164

Vorwort

>*Die Märchen der amerikanischen Neger sind
mehr als nur eine Sammlung von unterhaltsamen
Geschichten. Sie stoßen die Tür zu einer unterdrückten Kultur auf, die endlich den ihr gebüh-
renden Platz im Leben Amerikas erhalten wird.«*
>
> Richard M. Dorson

Neben dem Worksong, dem Spiritual und dem Blues, den
Ralph Ellison einmal eine »lyrisch gehaltene autobiographi-
sche Chronik einer persönlichen Katastrophe« genannt hat,
geben vielleicht die Märchen und über lange Zeiten hin
mündlich überlieferten folkloristischen Erzählungen am ein-
drucksvollsten Zeugnis von der Eigenart, der Würde und der
durch Folter und Terror nie ganz zu brechenden Lebendigkeit
der Menschen schwarzer Hautfarbe in den USA.
Versuche, die Märchen und das sehr weit sich auffächernde
folkloristische Erzählgut der schwarzen Amerikaner systema-
tisch zu sammeln und es aufzuzeichnen, sind erst relativ spät
unternommen worden.
Als Joel Chandler Harris, ein Journalist, der in der zweiten
Hälfte des vorigen Jahrhunderts für die erste »Plantagen-
Zeitung« in Georgia, »The Countryman«, arbeitete, 1880
die Tiermärchen um Bruder Kaninchen zu dem Buch »Onkel
Remus« zusammenfaßte, fühlte er sich genötigt, sich bei seinem Publikum wegen des geringen literarischen Wertes »dieser kleinen Geschichten der armen, unwissenden Neger« zu
entschuldigen.
Er glättete für seine Sammlung viele der Stoffe, die er von
mündlichen Erzählern übernahm, weil sie ihm in der Urfas-
sung zu »unkeusch und zu roh« vorkamen.
Das Ende des Amerikanischen Bürgerkrieges lag damals immerhin schon 15 Jahre, die von Abraham Lincoln eher wider-
strebend verkündete Emanzipationserklärung für die Sklaven sogar schon 17 Jahre zurück.
Aber immer noch weit verbreitet war das Vorurteil vom pri-
mitiven, barbarischen Wilden, das zur Rechtfertigung der
Institution der Sklaverei und zur Stützung der Ideologie der
weißen Vorherrschaft ausgestreut worden war.
Neger mochten als Clowns in einer Minstrell-Show belusti-
gen. Aber es schien der »schweigenden Mehrheit« von damals
unvorstellbar, daß Subjekte, über deren bürgerrechtlichen
Status noch gestritten wurde und denen es bis vor kurzem
sogar zumeist verboten gewesen war, lesen oder schreiben zu

lernen, zu so etwas wie literarischer Kreativität fähig sein sollten.

Eine Gegenbewegung war allerdings, von den Rassisten unbeachtet, längst in Gang gekommen, und zwar auf eine Art und Weise, die der Ironie nicht entbehrt.

Hausneger erzählten ihre Märchen, Garne und Spukgeschichten auch den Kindern ihrer weißen Herren. Und diese Kinder waren beeindruckt.

Eine solche Unterwanderung des makellos reinzuhaltenden weißen Bewußtseins ließ sich offenbar selbst im »tiefen Süden« der USA und noch während der Zeiten der Sklaverei nicht unterbinden.

Kinder haben immer und überall auf der Welt eine besondere Vorliebe gerade für das, was ihre Eltern tabuisieren.

Davon abgesehen, der Ausspruch eines Sklaven, der einem der Kapitel dieses Buches vorangestellt ist, war mehr als nur ein sarkastischer Witz:

»Wir, die wir weder lesen noch schreiben können, haben einen Haufen Zeit, und das ist auch der Grund, weshalb wir mehr wissen als ihr.«

Gerade weil die Schwarzen von der Schrift- und Lesekultur der weißen Zivilisation über lange Zeit hin ausgeschlossen waren, erhielt und entwickelte sich bei ihnen eine eigenständige Tradition mündlichen Erzählens.

Es dauerte dann aber immerhin bis in die vierziger Jahre unseres Jahrhunderts, bis sich die Wissenschaft mit den Märchenstoffen der Schwarzen in den USA auseinandersetzte.

Hier war es vor allem Melville J. Herskovits, der in seiner grundlegenden Studie »The Myth of the Negro Past« jene weißen Rassisten geißelte, die immer noch den Sklaven der Südstaaten und deren Nachkommen jegliches kulturelles Erbe absprechen wollten.

An Hand seiner Forschungen in Dahome wies er nach, daß diese Sklaven aus alten stolzen Königreichen verschleppt worden waren, in denen es hochentwickelte Institutionen und ein ausgeprägtes Kunstverständnis gegeben hatte. Unterdessen waren in den USA methodische Feldstudien für schwarze Folklore unternommen worden, deren Ausbeute in gedruckter Form vorlag.

Hervorzuheben sind hier zwei Bände, aus denen die schwarzen Geschichtenerzähler ohne Filter zu uns sprechen: »Negro Myth from Georgia Coast« von Charles C. Jones, erschienen 1888, und »Afro-American Folklore, Told Round Cabin Fires on the Sea Islands of South Carolina« von Mrs. A. M. Christensen aus dem Jahre 1892. Beide Bücher enthalten vor allem Tiermärchen.

Das Spektrum der Motive und Formen erweiterte sich durch

die Arbeiten von Elsie Clews Parson, die ihr Repertoire aus South Carolina, den Inseln vor der nordamerikanischen Atlantikküste, von den Bahamas und den Antillen holte, sowie durch die Sammlungen zweier Neger, Zora Neale Hurston und J. Mason Brewer, in denen vor allem Gespenstermärchen, Scherzgeschichten über die schwarzen Prediger und die Geschichten um John und den Alten Herrn zu finden sind.

Zora Hurston, ein begabter Romanschriftsteller, der mittellos in einem schäbigen Hotelzimmer in Jacksonville starb, zeichnete Märchen aus dem mittleren Georgia auf; Brewer, ein Schüler von Sith Thompson, trug Stoffe aus North und South Carolina und aus den Brazos im östlichen Texas zusammen.

Die umfassendste Feldstudie aber führte dann in den Jahren 1952 und 1953 Richard M. Dorson aus, der ebenfalls aus der für ihre Folklore-Forschung berühmten Indiana University hervorgegangen ist und später Präsident der American Folklore Society wurde.

Er konnte sich bei der Sichtung des von ihm protokollierten Materials schon des von Thompson in den Jahren 1932 bis 1936 erarbeiteten »Motif Index of Folk Literature« bedienen, der es ermöglicht, dem Stammbaum eines Märchens nachzuspüren. Das hatte, wie noch ausführlich zu berichten sein wird, seine Auswirkungen für die Diskussion der Streitfrage, ob die Märchen der nordamerikanischen Schwarzen aus Afrika stammten oder abgewandelte Motive weißer Märchen seien.

Über seine Sammeltätigkeit berichtet Dorson: »Ich hielt über tausend mündliche Erzählungen von Negern, die im Süden geboren worden waren, fest. In jeden der Südstaaten zu reisen und dort die nötigen Kontakte herzustellen, hätte sehr langwierige Vorarbeiten notwendig gemacht, so spielte sich meine Feldstudie hauptsächlich in Michigan ab. Die Negergemeinden dort hatten sich aus Menschen gebildet, die aus dem Süden in den Norden ausgewandert waren, und die Geschichtenerzähler, die ich traf, kamen so aus Mississippi, Alabama, Louisiana, Georgia, Tennessee, North Carolina, Missouri, Arkansas, West Virginia und Texas, und sie waren durch viele andere Staaten der USA von New York bis California gereist. Meine ergiebigste »Quelle«, James Douglas Suggs, hatte sich im Laufe seines Lebens in nicht weniger als 39 Staaten aufgehalten.«

Es mag interessieren, wie sich diese Sammeltätigkeit im einzelnen abspielte und wie die Menschen aussahen, die Dorson Märchen diktierten oder auf Tonband sprachen. Im Anfang stieß er auf starkes Mißtrauen. Eine schwarze Frau sagte ihm, nachdem er näher mit ihr bekannt geworden war:

»Wir wußten nicht, was wir von Ihnen halten sollten, vor

einiger Zeit tauchten hier zwei Detektive des FBI auf, die einen Marihuana-Ring sprengen wollten. Manche meinten, auch Sie kämen vom FBI. Ich habe den Nachbarn gesagt, nein, das muß ein Schriftsteller sein, er hat nämlich solche Lederflecken auf den Ärmeln seiner Jacke, weil sich die Ellbogen am Schreibtisch durchgescheuert haben.«

Durch immer neue Mittelsmänner gelangt Dorson schließlich zu E. L. Smith:

»Als wir eintraten, erhoben sich eine sehr dicke Frau mit glänzendem Gesicht und ein kleiner Mann mit ganz verknitterter Haut vom Mittagstisch und ließen ihre Gastfreundlichkeit über uns zusammenschlagen. Sie drängten uns, bei ihnen zu essen, erzählten dabei ständig Geschichten und redeten in einem fort; Mrs. Smith übertraf die Männer durch die Energie ihrer Stimme. Eine ganze Stunde stehend, hielt sie einen Monolog, in dem davon die Rede war, wie der Geist eines braunen Mannes sie aus Chicago auf diese Farm in Calvin mit ihrer heilkräftigen Quelle getragen habe. Aus den Smiths quollen nur so Geschichten von übernatürlichen Begebenheiten und Geschichten von Hexen und Voodoozauber heraus. Sie ergänzten einander vortrefflich, der eine setzte dort an, wo der andere aufgehört hatte. Der Sammler wurde ganz benommen und mußte wie verrückt kritzeln, um mit der Niederschrift nachzukommen. Bei so lebhaften Informanten mochte das Tonbandgerät eine große Hilfe sein . . .

Ich hatte das Gerät gerade aufgebaut, als eine Fremde eintrat, eine dünne, zerbrechliche alte Dame, gefolgt von ihren beiden Enkelsöhnen. Das schien ein schlechtes Omen für die Tonbandaufnahme, aber die Unterbrechung kam genau zur rechten Zeit. Die alte Dame trug all das nach, was die Smiths vergessen hatten, denn Mary Richardson, aufgewachsen in Tennessee und Mississippi, teilte ihre Vorstellungen und unterhielt sich bis lang in die Nacht mit dem Ehepaar über okkulte Geheimnisse. Dieser Hauch von einer Frau, deren Nase, wie sie später enthüllte, von einem Voodoogespenst plattgedrückt worden war und deren Knochen von »arthuritis« (Arthritis) schmerzten, besaß einen unbezähmbaren Geist, mit Pfeffer und Salz, und sprühte nur so von witzigen Redensarten und packenden Erzählungen.

Mit Suggs, den Smiths und Mrs. Richardson war ich auf Gold gestoßen. Diese vier Menschen aus dem Süden quollen über vor traditioneller Folklore, und ihre Worte waren angereichert mit deftigen Ausdrücken und melodiösen Tönen. Sie sangen, reimten, zogen Fratzen und reproduzierten die Geräusche der Hexen, Vögel, Eisenbahnzüge, der Tiere und der Menschen. Alle glaubten sie an Voodoozauber, an Geister und nahmen die Bibel wörtlich, aus deren Vorrat von

Wundern sie ständig zitierten, um ihre Märchen zu untermauern.«

In unzähligen solchen Sitzungen dürfte es Dorson gelungen sein, das Gros der überkommenen schwarzen Märchenstoffe in den USA zu sichern.

Eine neue Entwicklung setzt dann in den städtischen Gettos ein. Für diesen Bereich hat Roger D. Abrahams mit seiner Sammlung »Deep Down in the Jungle — Negro Narrative Folklore from the Streets of Philadelphia« Pionierarbeit geleistet.

Diese städtische schwarze Folklore, die Professor Abrahams in Tonbandaufnahmen festhielt, besteht aus sogenannten Toasts (balladesken Erzählungen), aus Witzen, Prahl- und Spottgeschichten und schwarzen Versionen von Tall Tales (Märchen, die auf dem Prinzip der Übertreibung beruhen).

Der Autor weist auf den Zusammenhang zwischen der sprachlichen Kreativität und dem Sich-Behauptenmüssen in einer feindlichen Umwelt hin und zeigt, wie über das Medium dieser Stoffe der junge Schwarze aus dem Getto durch seine orale Ausdruckskraft seine Identität zu begründen lernt.

»Deep Down in the South«, 1964 erschienen, wurde ein Klassiker der amerikanischen Untergrund-Szene, und diese Sammlung zeigt, daß das Märchen in einer großstädtischen Umgebung nicht zwangsläufig untergehen muß, sondern sich nur in seinen Erscheinungsformen wandelt.

Wie schon erwähnt, lebte mit dem Erscheinen des von Dorson gesammelten Materials in den USA die Diskussion darüber wieder auf, ob die Märchen der Schwarzen in den USA sich ausschließlich aus afrikanischen Quellen herleiten, wie das etwa seit der Jahrhundertwende von den Wissenschaftlern der Märchenkunde ziemlich einhellig angenommen worden war.

Die herrschende Lehrmeinung läßt sich populär etwa mit dem Satz umreißen, der noch von Joel Chandler Harris stammt und lautet:

»Eines ist gewiß — die Neger übernahmen diese Geschichten nicht von den Weißen, wahrscheinlich waren sie in sehr weit zurückliegender Zeit in Afrika entstanden.«

In Wahrheit aber stellt sich die Problematik etwas komplizierter dar.

Es geht dabei weniger um ein Entweder-Oder, als vielmehr um eine genauere Betrachtungsweise des Sowohl-als-Auch.

Wir gehen dabei von einer Feststellung Dorsons aus, der berichtet:

»Als ich Motive aus westafrikanischen Märchen mit denen meiner eigenen Sammlung (aus den USA) verglich, ergab sich nur eine Übereinstimmung in ungefähr zehn Prozent der Fälle.« Und: »Von den 22 afrikanischen Motiven unter den insgesamt 200 meiner Sammlung war nur eines nicht aus Europa her bekannt.«

Nichts wäre nun törichter, als dieses Ergebnis abermals zur Abstützung des alten Vorurteils von der kulturellen Überlegenheit der Weißen heranzuziehen, wie das seither allerdings von manchen Leuten versucht worden ist.

Dorsons Schlußfolgerung ist sachlich. Er schreibt: »Das Repertoire der Negermärchen in der Neuen Welt zerfällt in zwei Gruppen von Geschichten, die eine weist nach Afrika, die andere nach Europa und Anglo-Amerika. Den einen Block bilden die atlantischen und karibischen Inseln und das nordöstliche Südamerika, den zweiten die Plantagen-Staaten des Alten Südens. Die Geschichten beider Blöcke speisen sich aus vielfältigen Quellen.« Hinzuzufügen wäre: beide Blöcke standen auch über lange Zeit hin untereinander in Beziehung. Dies wird deutlich, wenn man sich daran erinnert, daß sich der Sklavenhandel in Nordamerika als ein großes Dreiecksgeschäft abspielte. Zucker und Melasse aus Westindien, von Sklaven angebaut, von Sklaven geerntet, wurde nach Neu-England geliefert und dort zu Rum verarbeitet. Den Rum verkaufte man an die Sklavenhändler, die ihn bei den Fürsten Westafrikas gegen Menschenware eintauschten oder selbst dort auf Menschenraub auszogen.

Nicht alle Sklaven kamen direkt aus Westafrika in die nordamerikanischen Kolonien oder später in die USA. Es gab die »Zwischenstation« Westindien. Es gab schwarze Familien, die mehrere Generationen lang auf den karibischen Inseln gelebt hatten und dann erst mit ihren vor Revolten und Kriegen flüchtenden weißen Herren in das Mississippidelta gelangten, hier nun aber wieder in eine Gegend kamen, in der auch spanische und französische Märchenstoffe kursierten.

Alle Stränge dieser kulturellen Wechselbeziehung werden sich nie entwirren lassen.

Es ist die These des Herausgebers, daß die Eigenständigkeit von Märchenstoffen nordamerikanischer Schwarzer bei allen wechselseitig wirksamen Einflüssen in den Motiven (schließlich lassen sich auch Märchen der weißen Amerikaner nachweisen, die von Schwarzen beeinflußt worden sind) in ihrer Erzählweise liegt, und daß die Erzählhaltung sehr direkt von den sozio-ökonomischen Verhältnissen, unter denen die Schwarzen lebten und zum Teil immer noch leben müssen (Sklaverei und Unterdrückung) geprägt worden ist.

Die in Westafrika angekauften oder von dort einfach geraubten Sklaven brachten die Angewohnheit des Geschichtenerzählens als Unterhaltung mit in die Neue Welt. Während die weißen Herren viel Wert darauf legten, den Schwarzen ihre Stammessprachen und Sitten auszutreiben, hielten sie die Geschichten — es handelte sich vorwiegend um Tiermärchen — für harmlos. Daß diese Märchen die Folien werden könnten, auf die persönliche Hoffnungen, Wünsche und Ängste projiziert wurden, kam ihnen so wenig in den Sinn wie die Vermutung, daß sich auch Stoffe der biblischen Geschichte in dieser Art ummodeln lassen.

In den afrikanischen Prototypen der Märchen waren die Helden gewöhnlich der Schakal, der Hase, die Schildkröte und die Spinne.

Der afrikanische Schakal überlebte als amerikanischer Fuchs, der Hase aus Afrika als amerikanischer Bruder Kaninchen. Aus der afrikanischen Schildkröte wurde die amerikanische Landschildkröte.

Aber was in Afrika weitgehend als Mythe und freies Spiel einer üppigen und von magischen Antrieben gesteuerten Phantasie geblüht hatte, bekam nun, neben dem Unterhaltungs- und Erinnerungswert, in den USA noch eine andere Funktion. Es wurde zum Vehikel eines Symbolismus, aus dem die Freude des Sieges der Schwachen und Wehrlosen über die Mächtigen und Starken, des Verstandes über Terror und Brutalität spricht.

Die Märchen wurden zur Lehr- und Warnerzählung für die Kinder mit schwarzer Haut. Dies wird besonders deutlich an Geschichten in der Art des Märchens von Schwester Gans und den Füchsen.

Hierin, in dem immer gegenwärtigen »Prinzip der Hoffnung«, in der verdeckten Anweisung zum Überleben und der damit korrespondierenden Erzählhaltung, sehe ich das Eigenständig-Typische dieser Märchen.

Ein Wort muß noch in diesem Zusammenhang zur Sprache der schwarzen Märchenerzähler in den USA gesagt werden:

Sie verhielt sich zur anglo-amerikanischen Hochsprache etwa derart wie das Plattdeutsche zum Hochdeutschen. Nicht nur einzelne Worte, sondern ganze Ausdrücke waren für einen im schwarzen Englisch ungeübten Weißen unverständlich.

Es war eine Umgangssprache, unrichtig in der Grammatik, gemessen an der Norm der Hochsprache, durchaus aber mit selbständigen grammatikalischen Mustern, körnig, einfallsreich, unerhört plastisch und voll von originelle und scharfe Realitätsbeobachtung zeugenden Bildern. Dabei zerfiel dieses schwarze Amerikanisch auch noch in zahlreiche für den Kenner klar unterscheidbare Dialekte. Es war eine Sprache, die eher zum Pointiert-Anekdotischen als zum epischen Fluß neigte. Es war eine Sprache, die man eigentlich laut, d. h. gesprochen, hören muß, von deren Charme, Witz und Einfallsreichtum auch die sorgfältigste Übersetzung nur einen schwachen Abglanz geben kann. Was nun die erzählerischen Formen angeht, so muß man sich bei diesen Negermärchen aus den USA und den folkloristischen Geschichten nicht zu eng an die klassischen Märchendefinitionen klammern.

Sie unter dem Sammelbegriff »Märchen« zu subsumieren, scheint insofern berechtigt, als all dies Typen folkloristischen Erzählens im Sinn des von André Jolles geprägten Begriffes der sogenannten »einfachen Formen« sind. Er versteht darunter all jene Erzählformen der Folklore, »die sich von selbst machen«.

Schon die Tiermärchen gehen häufig in die Fabel über, was ja auch bei Märchen aus anderen Gebieten der Fall ist, jedoch wird hier dieser Zug durch die Funktion dieser Stoffe als Lehrererzählung im oben erklärten Sinn verstärkt.

Die Geschichten um Prediger und die Nachgestaltungen biblischer Stoffe belegen zweierlei: die soziale Bedeutung, die der Gemeinde als Schutz- und Freiraum zukam, und das Fixiertsein auf Führergestalten aus den Reihen der Prediger und Pfarrer (Martin Luther King).

Hinzu kommt, daß man gerade an den Nacherzählungen der biblischen Stoffe (Adam und Eva, Noah) erkennen kann, was es mit der selbständigen Erzählhaltung der schwarzen Märchen aus den USA auf sich hat.

Mit Dorson bin ich der Meinung, daß die Protestgeschichte eine eigenständige Form der mündlich überlieferten Folklore darstellt, verwandt dem Witz und der Anekdote aus anderen unterdrückten Völkern und Minoritäten (Jüdische Witze, Witze der Neuen Indianer).

Da diese Geschichten blitzlichtartig die so lang zurückreichende und immer noch fortdauernde Auswirkung des Terrors und der Unterdrückung auf das Alltagsleben beleuchten, da sie auf den Pfennig genau die Rechnung darüber präsentieren, was es tagtäglich heißt, zu einer verachteten Minderheit zu gehören, durften sie in diesem Band nicht fehlen.

Interessant scheint es schließlich, auf die Frage einzugehen, ob sich die große Vorliebe für Spuk- Geister- und Gruselmärchen allein aus den Einflüssen des Voodoo-Kultes und dem starken Interesse der puritanischen Phantasie der Weißen für Hexen und Höllenqualen erklären läßt?

Die Vermutung liegt nahe, daß das Erzählen solcher Märchen bei den Schwarzen auch die Funktion gehabt haben könnte, die Zuhörer in der Konfrontation mit dem Grausigen abzuhärten oder dem realen Zustand eines sich ständig unter dem Zeichen der Angst vollziehenden Lebens ein harmloses Gruseln entgegenzusetzen.

In den »Sagas der Vorbilder« schließlich wird schon so etwas wie eine kämpferische Gegenposition zum Klischee des geduldigen und mit sarkastischem Witz hingenommenen Erleidens erkennbar.

John der Eroberer sabotiert seinen Herrn, Bras Coupé ist eine der vielen Symbolgestalten für den nie völlig erloschenen Widerstand der Sklaven; Daddy Mention und Railroad-Bill sind Robin Hoods aus den Tagen der Depression und den Straflagern der Südstaaten. Stagolee ist ein moderner schwarzer Märchenheld, der die weiße Mittelstandsideologie von »Law & Order« austrickst, bis selbst deren unermüdlichster Verfechter, der weiße Sheriff, auf der Strecke bleibt. ›Albert und Frankie‹ steht für jenen Grenzbereich, in dem sich musikalische Folklore mit der des mündlichen Geschichtenerzählens berührt.

Bleibt noch Dank zu sagen: der schwarzen Gemeinde von McComb, Mississippi, dafür, daß sie einen ihr zunächst völlig unbekannten weißen Fremden aufnahm, ihm eine Vorstellung von dem vermittelte, was schwarze Gastfreundschaft in den USA heißt und ihm eine Einführung in die Märchenwelt des schwarzen Amerika gab; Professor Walter Hinderer und seiner Frau für die Beschaffung schwer zugänglicher Texte und Bücher, vielen Freunden und Bekannten in den USA dafür, daß sie meinen gewiß oft komischen Eifer, immer neue schwarze Märchenstoffe und Geschichten aufzuspüren, so unverdrossen unterstützten.

Wiesbaden, im September 1973   Frederik Hetmann

I Aus Afrika und dem Alten Süden

»Whe-us that cain't read or write have a heap of time to think, and that's the reason we know more than you-all.«

»Wir, die wir weder lesen noch schreiben können, haben einen Haufen Zeit, um nachzudenken, und das ist der Grund, weshalb wir mehr wissen als ihr alle.«

Ein unbekannter schwarzer Sklave

Wie die Schwarzen und die Weißen entstanden

Die Frage, wer zuerst auf der Welt gewesen sei, die Weißen oder die Schwarzen, und warum überhaupt manche Menschen weiße und andere schwarze Hautfarbe haben, hat die Wissenschaftler seit langem beschäftigt. Ein Prediger, unten im Tiefen Süden der Vereinigten Staaten, hat die Frage ein für alle Male gültig beantwortet. Er pflegte, wenn er über die Schöpfungsgeschichte predigte, seiner Gemeinde folgendes zu erklären:

Brüder und Schwestern: der erste Mensch, den der Herr erschuf, hieß Adam. Die erste Frau hieß Eva. Sie hatten zwei Kinder, Kain und Abel. Die Mama und der Papa und all ihre Kinder waren schwarz, man nannte sie Farbige. Nun, Kain war ein böser Neger, immer Schießereien, Messerstechereien und Glücksspiele. Er war eifersüchtig auf seinen Bruder Abel und tötete ihn eines Tages bei einem Streit um die beste Wassermelone auf dem Acker. Der Herr kam von hinten auf Kain zu und sagte zu ihm:

»Kain, wo ist dein Bruder?«

Kain war ein hochmütiger Bursche. Er drehte sich nicht einmal um, sondern antwortete großspurig:

»Bin ich meines Bruders Hüter? Hab ihn mir nicht in die Tasche gesteckt. Ich glaub, er ist mit der Schrotflinte losgezogen. Wollte sich ein Kaninchen schießen.«

Da wurde der Herr zornig und er fragte:

»Kain, wo ist dein Bruder?«

Da endlich wandte sich der Neger um und sah, daß Gott der Herr und Schöpfer vor ihm stand. Er bekam einen furchtbaren Schreck. Seine Haare sträubten sich so sehr, daß sie gerade wurden, im Gesicht wurde er ganz bleich. Nun, meine Schwestern und Brüder, jetzt wißt ihr, welches der erste Mensch mit weißer Hautfarbe gewesen ist!

Wie Gott die Schmetterlinge erschuf

Nun, Gott der Herr war gerade damit zu Ende gekommen, die Welt zu erschaffen. Da setzte er sich in seinen großen Schaukelstuhl, um sich alles noch einmal anzuschauen.

»Keine schlechte Arbeit, wenn ich so sagen darf«, murmelte er.

Er zündete sich eine Zigarre an und hatte ein gutes Gefühl, bis er bemerkte, daß die Erde ziemlich kahl aussah.

Das kam daher, daß es auf der Welt nichts gab außer Land, Bäumen und einer ganzen Menge Wasser. Es gab damals sogar mehr Wasser als Land.

»Ich frag mich, wie das geschehen konnte«, sprach Gott, »kommt mir doch so vor, als hätte ich im Sinn gehabt mehr Land als Wasser zu schaffen. Na ja . . .«

Er zuckte die Achseln und begann dann zu überlegen, was er tun könne, damit die Welt etwas hübscher ausschaue.

»Gebt mir mal die Heckenschere«, rief er, und einer der kleinen Engel kam angesprungen und drückte sie ihm in die Hand. Da beugte sich Gott der Allmächtige aus seinem Schaukelstuhl vor und schnipselte an den Zweigen der Bäume herum. Was er abschnitt, fiel auf das leere Land und daraus wurden das Gras, die Büsche und die Blumen. »Sieht nicht schlecht aus«, meinte er und lehnte sich wieder zurück. »Jawoll, eine herrliche Welt ist das geworden.« Und als er das gesagt hatte, legte er sich ins Bett, um sich von der Arbeit auszuruhen. Eine Welt zu erschaffen, ist keine leichte Arbeit. Braucht eine Menge Überlegung, wenn alles recht an seinem Platz stehen soll, besonders dann, wenn es sich um etwas handelt, woran nie zuvor gedacht worden ist. Also legte sich Gott aufs Ohr und nahm sich vor, am anderen Morgen seine Welt weiter zu bewundern.

Am nächsten Tag hatte Gott kaum das eine Auge offen, als er die Blumen untereinander flüstern hörte.

»Es ist einsam hier«, sagte eine Blume, »wir sind hier hingesetzt worden, um dem Boden Gesellschaft zu leisten und damit alles hübsch aussieht, aber es ist schrecklich einsam hier.«

Gott schüttelte unwillig den Kopf. »Meine Herren! Da macht man nun ein Ding, und kaum ist man damit fertig, da muß man schon das nächste machen. Ihr Engel, gebt mir meine kleine Schere!«

Ein Engel brachte Gott die kleinste Schere, die sich finden ließ. Er beugte sich zur Welt herab und begann von allen Dingen ein kleines Stück abzuschneiden — vom Himmel, von der Erde, von den Bäumen, von den Tieren, den Büschen und den Blumen.

Der Gedanke, sich über die Welt zu beklagen, war noch nicht einen Tag alt. Aber Gott hatte schon eine Ahnung, daß es von nun an ständige Klagen geben würde. Er war so wütend, daß er gar nicht mehr sah, was er da alles stutzte. Schnipp, schnipp, schnipp ging das. Und als er wieder ins Bett kroch, geschah das hauptsächlich deswegen, weil er keine Lust hatte, sich nun wieder all die Klagen über die ganze Schnipselei anzuhören. Er hatte guten Grund, einfach im Bett zu bleiben — für immer. Mochte die Welt zusehen, wie sie mit ihren Klagen fertig wurde.

Nun, als die Menschen aufschauten und all die kleinen Schnipsel sahen, nannten sie sie Vorbeigeflatter. Es gab gelbes Vorbeigeflatter. Das waren die Stücke, die Gott von der Sonne abgeschnitten hatte. Und es gab blaues Vorbeigeflatter. Das stammte vom Himmel. Das weiße Vorbeigeflatter kam von den Sternen. Vorbeigeflatter in allen Farben wirbelte durch die Luft. Ja, es gab sogar Vorbeigeflatter, für dessen Farbe die Leute noch keinen Namen hatten.

All dieses Vorbeigeflatter, für dessen Farben es noch keine Bezeichnung gab, wirbelte herüber in unseren Teil der Welt. Nun wißt ihr ja, wie das so bei uns zugeht. Wir nennen die Dinge immer auf *unsere* Art. Als wir Schwarzen aufschauten und diese Dinge vorbeitreiben sahen, hörten wir, daß die Weißen sie Vorbeigeflatter nannten. Da mußten wir lachen. Vorbeigeflatter! Die Weißen verrenken sich immer die Zunge, wenn sie zu sprechen versuchen. Vorbeigeflatter! Wer sagt schon so was? Wir erfanden einen anderen Namen. Er geht leichter über die Zunge. Er geht leichter ins Ohr. Und so hat es zu sein bei einem Wort.

Aber Weiße sind anders. Sie wollen nie zulassen, daß wir etwas für uns haben. Uh-uh! Wenn sie meinen, wir hätten bei etwas mehr Spaß als sie, kommen sie und belegen es mit Beschlag, noch ehe Gott etwas davon erfährt. Und nicht nur das: wir teilen es mit ihnen, aber ehe die Sonne noch untergeht, ziehen sie herum und reden davon, als gehöre es nur ihnen. Und so nannten auch die Weißen diese Dinge »Schmetterlinge«. Sie ließen das Wort in ihre Wörterbücher drucken, um alle Welt glauben zu machen, sie seien in der Lage gewesen, ein so schönes Wort zu erfinden.

Warum die Affen wie Menschen aussehen

Lange Zeit nach der Erschaffung der Erde waren die Tiere die einzigen Lebewesen. Sie schwammen in den Flüssen, sie kletterten auf die Gebirge, sie flogen durch die Luft und lebten ihr Leben. Sie lernten einander zu fürchten und sich als Freunde zu begrüßen, sie erfuhren Glück und Unglück während der verschiedenen Jahreszeiten und Jahre, und jeder Tag floß aus dem vorhergehenden in den gegenwärtigen und von diesem in den Tag, der da kommt.

Eines Tages trank die Familie der Rehe aus dem See zu der Zeit des Tages, da die Sonne am Himmel oben in ihrem Lauf innezuhalten scheint.

Plötzlich ließ ein lautes Geräusch die Luft erzittern. Das jüngste der Rehe brach am Rande des Wassers zusammen, und Blut tropfte aus seiner Seite. Voller Angst rannten die anderen Rehe in den Wald, wo sie sich sicherer fühlten. Doch das älteste der Rehkinder war neugierig, und obwohl es auch Angst hatte, schlich es sich zum Waldrand zurück, versteckte sich hinter einem Baum und wollte schauen, was nun geschehen werde.

Es hatte sich kaum versteckt, als ein Tier, das es nie zuvor gesehen hatte, herunter zum Ufer des Sees kam. Es sah schrecklich aus. Es ging auf zwei Beinen. Es hatte keine Haare, außer auf seinem kleinen runden Kopf. Das Reh hatte nie von einem solchen Tier gehört. Es konnte sich auch nicht erinnern, daß sein Onkel, der Elch, je etwas von einem solchen Tier erzählt hatte, und der Elch stieg oft hinauf ins Gebirge und hatte viele seltsame Dinge erlebt und gesehen.

Das seltsame Wesen trug ein langes Stück Holz in seinen Klauen. Es beugte sich nieder, legte das Stück Holz fort und begann, die Haut des jungen Rehs mit etwas, das es umklammerte, abzutrennen.

Die Furcht des jungen Rehs, das dies alles aus seinem Versteck hervor beobachtete, wurde nun größer als seine Neugier. Es rannte in den Wald zurück, um seinem Vater zu erzählen, was es gesehen hatte.

Der Vater mochte es kaum glauben, was sein ältester Sohn da berichtete. Er hatte lange gelebt, hatte mit vielen Tieren gesprochen, war weit herumgekommen. Aber auch er hatte noch nie ein solch seltsames Wesen gesehen.

Am nächsten Tage aber erzählte der Vater die Geschichte jedem Tier, dem sie begegneten. Keines wußte von einem solchen Wesen. Die Reh-Familie fand einen anderen See als Tränke und hatte den Vorfall schon fast vergessen, als eines Nachmittags, während sie in einem Wäldchen rasteten, der Vater mit anhörte, wie sich zwei Vögel unterhielten.

»Hast du gehört, was heute morgen geschehen ist?«

»Du meinst bei der Rotkehlchen-Familie?«

»Ja,«

»Jeder spricht davon. Eines der Rotkehlchen flog heim, nachdem es am Morgen einen kranken Verwandten besucht hatte. Plötzlich gab es ein lautes Geräusch, und es stürzte vom Himmel wie ein dürrer Ast, der von einem Baum abbricht.«

»Das habe ich auch gehört. Wie kann denn das angehen?«

»Nun, vielleicht war das Rotkehlchen krank. Weißt du, um diese Zeit des Jahres muß man sich sehr genau ansehen, welche Art von Würmern man frißt. Vielleicht hat es schlechte Würmer gefressen und ist davon krank geworden.«

»Vielleicht, aber seltsam ist es doch.«

»Das stimmt.«

»Und ich habe gehört, daß es nach dem Geräusch angefangen haben soll zu bluten.«

»Bluten?«

Der Vater der Reh-Familie konnte nicht länger an sich halten. Aufgeregt erzählte er den Vögeln, was mit seinem jüngsten Kind geschehen war.

Er beschrieb das seltsame Tier, das sein ältester Sohn beobachtet hatte, aber die Vögel konnten auch keinen Hinweis darauf geben, wer oder was das sei. Sie versprachen jedoch, die Augen offenzuhalten. Sie flogen jeden Tag über große Strecken hin und sahen viele Dinge. Sie versprachen, den Steckbrief dieses Tieres allen anderen Vögeln mitzuteilen, und sollte es wirklich existieren, so würden sie es gewiß früher oder später entdecken.

Es war noch nicht ganz ein Tag vergangen, als der Falke solch ein Tier nahe dem See sah, an dem das junge Reh getötet worden war. Der Falke wollte dieses Tier ganz aus der Nähe betrachten, und obwohl er wußte, was mit dem jungen Reh geschehen war und welches Schicksal den Vogel ereilt hatte, kannte er keine Furcht. Er stürzte sich aus dem Himmel herab und setzte sich auf einen hohen Baum.

Er beobachtete das unbekannte Tier fast den ganzen Tag. Er sah, wie es Holz holte und Feuer anzündete. Es hatte die Fähigkeit, das zu tun, was der Blitz tut, wenn er während eines Gewitters in einen Baum einschlägt. Das Tier nahm dann ein großes Stück Fleisch, legte es auf das Holz, und das Fleisch wurde schwarz. Darauf begann das Tier es zu verspeisen. Der Falke hatte genug gesehen. Er flog davon, um den anderen Tieren von seiner Beobachtung zu berichten.

Zu dieser Zeit waren auch andere Tiere in anderen Teilen des großen Waldes diesem seltsamen Wesen begegnet. Und als nun auch noch der Falke erzählte, was er gesehen hatte, war kein Zweifel mehr daran, daß ein neues Tier auf die Erde gekommen war.

Viele Tage unterhielten sich die Tiere darüber und fragten sich, was für ein Tier das wohl sei, das mit keinem der anderen Tiere spreche und alle als seine Feinde betrachte. Endlich ließ das Kaninchen im Wald verbreiten, daß die Tiere Sprecher zu einem großen Treffen, bei dem über die Lage diskutiert werden sollte, entsenden möchten.

Die Tiere waren sich einig darin, daß das Kaninchen stets gute Einfälle hatte. Und am nächsten Abend, als die Sonne unterging, trafen sich die Abgeordneten dort, wo der Wald am dichtesten war.

»Nun, ich denke, ein jeder weiß, warum wir hier sind«, begann das Kaninchen, »will jemand Vorschläge machen, was wir tun sollen?«

Eine Weile schwiegen sie alle. Endlich sagte der Frosch: »Nun, Herr Kaninchen, mit einem solchen Problem haben wir uns bisher noch nie herumschlagen müssen.«

»Das stimmt«, meinte der Elefant, »dieses neue Tier hält sich an keine der Regeln. Es scheint, daß es keines der anderen Tiere mag.«

Die anderen Tiere murmelten zustimmend, aber was da zu tun sei, wußte keines. Wieder dachten sie lange nach.

»Herr Kaninchen«, sagte endlich die Schlange, »ihr seid ein besserer Redner als die meisten von uns. Vielleicht geht ihr zu diesem neuen Tier, sprecht mit ihm und erklärt ihm, wie die Dinge stehen, vielleicht wird es sich dann anders verhalten.«

»Das ist eine gute Idee«, rief die Maus.

»Das Tier ist eben neu«, meinte der Fisch, »es weiß es eben nicht besser.«

Am nächsten Morgen lief das Kaninchen hinunter zum See, um mit dem neuen Tier zu sprechen und um ihm die Regeln des Zusammenlebens unter den Tieren zu erklären. Ohne daß das Kaninchen davon wußte, war auch der Falke ausgeflogen, um das Kaninchen im Auge zu behalten. Der Falke war nicht gerade der Freund des Kaninchens, aber trotzdem fand er, das Kaninchen solle bei dieser gefährlichen Mission nicht ganz allein sein. Er sagte sich, alle Tiere müßten einander beschützen, bis geklärt war, wer und was dieses neue Tier sei.

Kaum hatte das Kaninchen das Seeufer erreicht, da kam auch schon das neue Tier angerannt, und ehe das Kaninchen auch nur ein Wort sagen konnte, packte das neue Tier es. Das Kaninchen versuchte, sich loszumachen, aber das neue Tier hielt es fest.

Mit seinen scharfen Augen hatte der Falke alles gesehen,

25

und jetzt fuhr er wie ein Blitz zur Erde herab. Als er dem neuen Tier nahe kam, stieß er einen lauten Schrei aus, entblößte seine Krallen und schlug sie in die Schulter des seltsamen Wesens. Das neue Tier kreischte und ließ das Kaninchen fallen. Der Falke packte das Kaninchen, wobei er darauf achtete, daß seine Krallen sich nicht zu tief in dessen Körper gruben, und war schon wieder in der Luft, noch ehe der Schrei des neuen Tiers verklungen war.

In dieser Nacht hielten die Tiere abermals eine Versammlung ab, auf der das Kaninchen und der Falke berichteten, was sich zugetragen hatte.

Die anderen Tiere fanden, es sei zu gefährlich, abermals jemanden zur Verhandlung mit dem neuen Tier auszuschicken.

»Aber was tun wir jetzt?« fragte das Reh.

»Wir müssen es töten!« rief das Kaninchen. »Herr Löwe, Sie spielen sich doch immer so mutig auf. Sie könnten das doch übernehmen.«

Der Löwe schüttelte den Kopf.

»Einer meiner Verwandten hat versucht, mit diesem neuen Tier zu kämpfen, aber es hat einen Stock, der spuckt Feuer und tötet. So kam mein Verwandter ums Leben. Mir scheint, daß der Falke heute, da er dich rettete, ein kleines Kunststück vollbracht hat.«

»Ja, Herr Falke. Wie wäre es mit Ihnen?« fragten die anderen Tiere sofort. »Sie könnten es schaffen.«

Der Falke dachte eine Weile nach. Die Sache gefiel ihm nicht. Er fühlte sich wohl, hoch in der Luft, weit weg von jedem anderen Wesen. Unten am Boden fühlte er sich unsicher. Er lehnte ab.

»Ich habe schon etwas getan. Jetzt ist mal ein anderer an der Reihe«, sagte er.

Die anderen Tiere wurden zornig, aber der Falke ließ sich nicht umstimmen. Die Tiere redeten auf ihn ein, aber nach ein paar Minuten spannte er seine Schwingen aus und flog davon, hoch hinauf, dorthin, wo die Wolken zogen.

Die Tiere verbrachten eine ganze Stunde damit, den Falken zu verfluchen. Dann erst hatten sie sich soweit beruhigt, daß sie mit ihrer Beratung fortfahren konnten. Schließlich machten sie sich klar, daß sie immer noch nicht genau wußten, was für eine Art von Tier dieses Wesen war, das sich so seltsam benahm. So beschlossen sie, das Kaninchen, das Reh und den Frosch in den Himmel zu Gott zu schicken. Wenn es jemand wissen mußte, dann doch wohl Gott.

Es war schon spät am anderen Morgen, als die Delegation

der Tiere im Himmel eintraf, aber Gott war gerade erst aufgewacht, und ehe er sie empfing, wollte er erst in Ruhe seinen Kaffee trinken. Gott bekommt schlechte Laune, wenn er am Morgen nicht erst einmal eine Tasse Kaffee gehabt hat. Also setzten sich die Tiere unter das Vordach und warteten.

Endlich trat Gott aus seinem Haus.

»Also«, sagte er und ließ sich in seinem Schaukelstuhl nieder, »es ist lange her, seit jemand von euch sich hier hat blicken lassen. Wo drückt euch denn der Schuh?«

Er kicherte. »Ich glaube, als ihr das letztemal mit einer Delegation hier wart, Herr Kaninchen, habt ihr mich gebeten, ich solle den Winter abschaffen.«

Das Kaninchen lachte etwas dümmlich:

»Ja ... aber inzwischen haben wir uns an den Winter gewöhnt.«

»Hab ich euch doch gleich gesagt! Was gibt's denn jetzt wieder für Klagen. Wasser habt ihr doch?«

»Ja, ja. Das Wasser ist gut, Herr, aber ...«

»Doch wohl auch genug Blätter?«

»Reichlich Blätter auf den Bäumen, Herr. Die Sache ist ...«

»Ist etwa nicht genügend Sauerstoff in der Luft? Ich will zugeben, es kostete mich eine Weile, bis ich herausgefunden hatte, wieviel Sauerstoff in der Luft sein muß, aber das ist doch geregelt jetzt. Oder?«

»In bester Ordnung, Herr, aber ...«

»Und die Nächte habe ich auf euren Wunsch auch kürzer gemacht. Ich kann mir wirklich nicht vorstellen, Herr Kaninchen, was jetzt wieder nicht recht ist.«

»Nun, Herr, wenn Ihr mich mal zu Wort kommen lassen würdet, will ich es Euch erklären.«

»Noch einen Augenblick. Ich habe mir die größte Mühe gegeben, um alles so einzurichten, daß auf meiner Welt alles funktioniert. Es war die erste Welt, die ich gemacht habe, und es war keine leichte Arbeit.«

»Das begreifen wir, Herr«, sagte das Reh.

»Ja, das begreifen wir«, wiederholte das Kaninchen, »und wir geben zu, dafür, daß Ihr ein Amateur seid, habt Ihr das gut hingekriegt. Aber, jetzt ist bei uns unten ein neues Tier aufgetaucht.«

»Ach. Ihr meint wohl den Menschen.«

»Menschen?«

»Ja doch. Ein Tier, das auf zwei Beinen geht.«

»Und es hat kaum Haar«, rief das Reh.

»Stimmt«, sagte Gott, »ich kann euch sagen: den zusammenzusetzen, das war eine harte Arbeit. Ich fing sehr zei-

27

tig an einem Montagmorgen damit an. Die Idee dazu
spukte mir schon lange im Kopf herum. Also dachte ich,
es würde mich nicht mehr als ein paar Stunden aufhalten.
Aber, Herr Kaninchen, bitte, Sie wollten etwas sagen...«
»Gott, wir verstehen das. Wir würden Ihnen gern zuhö-
ren, aber wir haben heute einfach nicht die Zeit dazu.
Während wir hier mit Ihnen reden, tötet dieses Menschentier dort unten alles, was ihm in die Hände fällt.«
»Was ist das?«
»Das ist die Wahrheit. Nun wissen Sie ja, wie wir die
Dinge unter uns geregelt haben. Das Reh weiß, daß es
dem Löwen nicht zu nahe kommen darf. Das Erdhörnchen nimmt sich vor der Schlange in acht, und der Fisch
geht dem Bären aus dem Wege. Wie gesagt, es ist alles gut
eingerichtet und abgesprochen. Wir müssen uns vor niemandem fürchten. Aber plötzlich kommt dieses Menschentier.«
Und das Kaninchen, das Reh und der Frosch erzählten
Gott die ganze Geschichte.
Nachdem sie zu Ende gekommen waren, sagte Gott eine
ganze Weile nichts. Er starrte in den Weltraum und machte ein ziemlich betroffenes Gesicht.
»Nun«, sagte er darauf, »wir werden auch das regeln.
Der Mensch mag vielleicht einige Schwierigkeiten haben,
sich anzupassen, aber ihr habt mein Wort, ich werde se-
hen, daß das in Ordnung kommt.«
Das Kaninchen, der Frosch und das Reh ließen zwar noch
einige Zweifel laut werden, aber Gott versicherte ihnen
immer wieder, daß er alles in Ordnung bringen werde.
Da kehrte die Delegation der Tiere zur Erde zurück, um
ihren Kollegen Bericht zu erstatten.
Aber es kam nicht in Ordnung. Alles wurde sogar noch
schlimmer.
Mehr und mehr Menschen tauchten in dem Wald auf. Am
Abend kamen die Vögel heim und stellten fest, daß
Bäume gefällt worden waren, darunter auch der Baum,
auf dem sie gewohnt hatten. Bald hatten die Menschen
den ganzen Wald niedergelegt, und die Tiere mußten in
einen anderen Wald umziehen. Aber auch der wurde von
den Menschen gefällt, und wieder machten sich die Tiere
auf die Wanderschaft.
Überall dort, wo Tiere lebten, kamen die Menschen hin.
Sie flogen mit Flugzeugen durch die Luft, und der Falke
bedauerte, daß er das Menschentier nicht getötet hatte,
als sich ihm eine Gelegenheit dazu bot.
Die Menschen setzten Boote aufs Wasser und Unterseeboote
in die Meere. Sie bauten Straßen, mitten durchs Gebirge, und

versenkten Rohre in den Boden, und die Erdhörnchen und
ihre Verwandten mußten sich aus dem Staub machen. Die
Menschen bauten Städte an den Ufern der Flüsse. Sie gossen
giftige Flüssigkeiten in die Flüsse, und viele Fische starben.
Rauch stieg auf, und kein Vogel konnte in den Städten leben.
Die Menschen besprühten Pflanzen mit Gift, und viele Tiere
starben, weil es keine Pflanzen mehr gab, die sie essen konnten.
Die Tiere wichen in andere Wälder aus, aber die Menschen-
Tiere waren ihnen immer dicht auf den Fersen. Endlich
waren die Tiere das ständige Umziehen leid. Wieder einmal
berief das Kaninchen eine Versammlung ein, und alle Tiere
kamen, selbst der Falke.
Man redete mehrere Tage lang. Der Bär schlug vor, man
solle den Menschentieren den Krieg erklären, aber keines der
Tiere konnte sich vorstellen, wo man dazu Gewehre, Panzer
und Flugzeuge hernehmen sollte.
Schließlich meldete sich die Eule, das klügste unter den Tie-
ren, und sprach:
»Wir müssen versuchen, selbst Menschentiere zu werden. Das
ist die einzige Möglichkeit, um so mächtig zu werden, wie sie
es sind.«
»Sie hat recht«, rief das Kaninchen sofort.
Die anderen Tiere stimmten zu, und rasch wurde wieder eine
Delegation gebildet, die Gott diese Nachricht mitteilen
sollte.
Als sie am nächsten Morgen in den Himmel kamen, hatte
Gott seinen Kaffee schon getrunken. Er saß unter dem Vor-
dach und las die Zeitung.
»Nun«, sagte er und legte die Zeitung weg, »wie geht's denn
so?«
»Gott«, sagte das Kaninchen sofort, »Gott, wir wollen Men-
schentiere werden.«
Das Kaninchen fand, zu langen Unterhaltungen sei keine
Zeit.
»Was wollt ihr?«
»Menschentiere werden. Das ist die einzige Möglichkeit, um
ebenso mächtig zu sein, wie es die Menschen sind. Wir haben
sonst keine Chance, um zu überleben.«
Gott dachte lange nach.
Eigentlich war er dagegen, aber die Menschentiere hatten
sich nicht so entwickelt, wie er es erwartet hatte. Um ehrlich
zu sein, es stand schlecht. Jemand hätte ihm im voraus sagen
sollen, daß es so kommen würde, dann hätte er sich bestimmt
nicht solche Mühe damit gemacht, diese Menschentiere in die
Welt zu setzen. Nun, hinterher ist man immer klüger, dachte
sich Gott und sagte:

»In Ordnung, Tiere. Morgen früh wird ein großer Topf mit Öl mitten im Wald stehen. Jedes Tier, das sich darin wäscht, wird ein Menschentier werden.«

Die Tiere waren begeistert und rannten davon, um es den anderen Tieren zu erzählen. Und als die davon hörten, waren sie außer sich vor Freude.

»Wenn ich erst ein Menschentier bin«, sagte der Bär, »dann kaufe ich mir ein Auto. Ein rotes Auto mit Schiebedach und mit weißen Sitzen. Das wird chic!«

»Warte nur, bis ich so einen Anzug habe wie die Menschentiere!« rief das Kaninchen, »ich sehe dann auch nicht mehr so schäbig aus wie jetzt. Mir schauen dann alle Frauen nach und sagen: ›Was für ein hübscher junger Mann!‹«

Die ganze Nacht blieben die Tiere auf und redeten darüber, was sie tun würden, sobald sie Menschen geworden waren. Einige hatten bereits beschlossen, eine Gesellschaft zu gründen. Denn sie wußten, wo in der Erde noch Öl, Gold und Silber lag, und sie hatten gesehen, daß sich damit viel Geld verdienen ließ.

Der Jaguar aber ging umher und warb darum, ihn zum Präsidenten zu wählen.

Sie machten einen solchen Lärm, daß Gott oben im Himmel davon erwachte und einmal hinhörte, was da so kreischend und brüllend besprochen wurde. Er horchte eine Weile, und dann wurde er sehr traurig. Er dachte sich: Wenn sie sich jetzt schon so aufführen, wie wird das dann erst werden, wenn sie Menschen geworden sind? Unordnung gab es auf der Welt ja ohnehin schon genug. Er war so verzweifelt, daß er daran dachte, fortzugehen und irgendwo anders eine Welt zu erschaffen. In diesem Punkt konnte er sich noch nicht entschließen, aber er war sich ganz sicher, daß es auf dieser Welt auf keinen Fall noch mehr Menschen geben sollte.

Also schleuderte er einen Blitz vom Himmel, der zerbrach den großen Topf mit Öl. Und als die Tiere am nächsten Morgen zu der Stelle kamen, fanden sie nur noch die Scherben und ein paar Tropfen von der Flüssigkeit. Während nun die meisten Tiere starr vor Erstaunen waren, kamen der Gorilla, der Schimpanse und der Orang-Utan angerannt, wuschen sich Gesicht, Hände und Füße mit den paar Tropfen, die übriggeblieben waren. Und deswegen sehen diese Tiere wie Menschen aus.

Warum die Menschen arbeiten müssen

Früher einmal hing der Himmel dicht über der Erde. Er hing nicht höher als die ausgestreckte Hand eines Menschen reicht. Und wenn jemand hungrig war, brauchte er nur nach oben zu greifen, ein Stück vom Himmel abzubrechen und es zu essen. Damals mußte niemand arbeiten.

Nun, das war nicht schlecht eingerichtet so, aber manchmal brachen Leute mehr ab, als sie aufessen konnten, und was sie nicht aufaßen, warfen sie einfach auf den Boden.

Schließlich war der Himmel ja sehr groß, und es würde immer genug zu essen da sein. Was schadete es schon, wenn sie mehr abbrachen, als sie tatsächlich nötig hatten? Vielleicht machte es ihnen nichts aus, aber es machte dem Himmel etwas aus. Der Himmel wurde wütend, zu sehen, wie er da auf dem Boden lag, angebissen, wie Abfall. Deshalb sprach der Himmel eines Tages:

»Nun hört mal her! Ich mag das nicht. Mag es nicht, daß die Leute immer ein Stück abbrechen, wenn ihr Magen knurrt, und dann tun sie nur einen Biß und werfen den Rest fort. Wenn ihr das nicht sein laßt, zieh ich so hoch hinauf, daß mich keiner mehr erreichen kann. Verstanden?«

Nun, die Leute hörten das. Sie bekamen ziemliche Angst, und für eine Weile achteten sie darauf, daß keiner mehr vom Himmel abbrach als er essen konnte. Aber mit der Zeit vergaßen sie die Warnung.

Eines Tages kam ein Mann daher und brach ein so großes Stück ab, daß vierzig Leute einen Monat davon hätten essen können. Er biß ein paar Stückchen ab, warf den Rest über die Schulter und ging dann auf der Straße davon, so dumm und glücklich, wie man kaum einen gesehen hat. Nun, der Himmel sagte kein Wort, aber unter gewaltigem Donner stieg er so hoch wie er nur konnte, und das war ziemlich hoch.

Als die Menschen merkten, was geschehen war, begannen sie zu weinen und baten den Himmel, er solle doch wieder herunterkommen. Sie versprachen, nun seine Warnung besser zu beachten, aber der Himmel tat so, als sei er taub. Am nächsten Tag hatten die Menschen nichts mehr zu essen. Sie mußten arbeiten, um sich zu ernähren, und bei der Arbeit ist es bis zum heutigen Tag geblieben.

Wie die Klapperschlange ihre Klappern bekam

Als Gott die Schlange erschuf, gab er ihr all die schönen Farben, die er sich ausgedacht hatte, rot, braun und orange, und Gott setzte die Schlange auf die Erde, um den Dingen etwas Farbe zu geben.

Nun, die Schlange hatte dagegen nichts einzuwenden, sie fragte sich nur, ob Gott auch daran gedacht hatte, welch hartes Leben sie führen mußte. Es war hart! Ohne Zweifel. Die Schlange hatte keine Flügel wie die Vögel. Sie konnte nicht fliegen. Sie hatte keine Flossen; sie konnte nicht im Fluß schwimmen. Sie hatte keine Füße und konnte nicht laufen. Sie konnte nur durch den Staub kriechen. Das hätte sie noch nicht einmal so sehr gestört, aber sie begriff einfach nicht, warum ihr Gott so schlechte Augen gegeben hatte. Mann, die Schlange war so blind, daß sie nicht einmal einen Blitz sah, der unmittelbar vor ihr durch die Luft zuckte. Sie war so blind, daß sie nicht einmal die Hand vor ihrem Gesicht erkennen konnte. Ihre Augen waren so schlecht, daß sie ihren Weg erschnüffeln mußte. Und, um bei der Wahrheit zu bleiben, ihre Nase war auch nicht sehr gut.

Wenn nun die Schlangen so halbblind herumkrochen, geschah es oft, daß jemand auf sie trat. Sie sahen nie jemanden kommen, und da sie sich auf dem Boden bewegten, erkannten sie die anderen auch nicht.

Die anderen Tiere wollten gar nicht auf die Schlangen treten, aber man weiß ja, wie das manchmal geht. Man ist in Eile, will irgendwo hin und hat keine Zeit, um drauf zu achten, daß eine halbblinde Schlange mit einer Nase, die kaum etwas riecht, im Weg liegt.

Eines Tages kam es dahin, daß der bloße Gedanke, irgendwo hingehen zu müssen, Herrn Schlange dazu brachte, am Morgen überhaupt nicht mehr aufzustehen.

Für Frau Schlange war die Situation auch alles andere als erfreulich.

Sie konnte einfach mit den kleinen Schlangen nicht mehr auf den Spielplatz gehen. Die anderen Kinder hielten die Schlangen für hübsche Springseile. So war sie mit den Kindern im Haus eingesperrt, und die Kinder fielen ihr auf die Nerven.

»Warum unternimmst du nichts?« schrie sie an diesem Morgen ihren Mann an. »Als ich die Wäsche aufhängen ging, bin ich fast von zwei Büffeln, drei Antilopen und einem Kaninchen über den Haufen gerannt worden. Ich habe das satt; und wenn du halbwegs eine echte Schlange bist, dann tust du jetzt etwas.«

Herr Schlange seufzte. Das hatte er schon oft zu hören bekommen.

»Nun, was soll ich denn tun? Mir Waffen wachsen lassen? Gott hat uns nun einmal so geschaffen. Damit müssen wir uns abfinden.«

»So so. Du weißt so gut wie ich, daß Gott gelegentlich schwer danebenhaut. Er sitzt da rum und experimentiert mit diesem und jenem, und wir sind eines der Experimente, bei denen nichts Rechtes herausgekommen ist. Du mußt etwas unternehmen, und wenn du jetzt nichts tust, weiß ich auch, woran das liegt. Du bist faul und ein Nichtsnutz. Meine Mutter hat mich gewarnt, dich zu heiraten. Sie wußte warum. Ich hätte auf sie hören sollen.«

Frau Schlange warf ihrem Ehemann ein halbes Dutzend schmutziger Wörter an den Kopf. Sie sagte dann noch, seine Mutter sei eine Eidechse und sein Vater ein Köderwurm gewesen.

Als nun Herr Schlange es gar nicht mehr aushielt, entschloß er sich, hinauf in den Himmel zu kriechen und die Sache mit Gott zu besprechen. Er war zwar der Meinung, daß auch Gott nicht viel würde tun können, aber vielleicht war seine Frau dann still, wenn sie von Gott hörte, daß eben nichts zu machen war.

Gegen zwei Uhr am Nachmittag kam die Schlange in den Himmel. Gott saß in seinem großen Schaukelstuhl zurückgelehnt und war gerade dabei, die Fernsehzeitung zu lesen.

»Nun, was gibt's, Herr Schlange?«

»Nichts gibt's, Gott. Immer das alte Leiden. Immer das alte Leiden. Du verstehst.«

»Ja, ich weiß schon, was du meinst. Rück dir einen Stuhl ran. Ich wollte gerade mal sehen, was 1974 im Fernsehen kommt. Aber bis dahin ist's ja noch lange hin. Ich wollte nur jetzt schon mal schauen, weil ich um diese Zeit Urlaub machen will.«

Herr Schlange schlängelte sich auf einen Stuhl.

»Eine Zigarre, Herr Schlange?«

»Danke, Gott. Aber ich glaube, ich sollte nicht.«

»Ich will auch nicht mehr so viel rauchen. Frau Gott meint, ich rauche entschieden zu viel. Sie sagt, ich habe einen schlechten Atem.«

»Ist das so?«

»Sie behauptet es. Ich kann's nicht begreifen. Ich putze mir nach jeder Mahlzeit die Zähne. Mehr kann man wirklich nicht tun. Aber was hast du auf dem Herzen? Du siehst wohl aus.«

»Tja Gott, aber mir geht es gar nicht gut.«

»Was du nicht sagst.«

»Es ist die Wahrheit. Tut mir leid, daß ich dich bemühen muß, bei all dem, was du so um die Ohren hast, aber meine Frau gibt keine Ruhe. Ich mußte was unternehmen.«

»Nun, dann erzähl mal.«

»Es steht so, Gott. Du weißt, ich höre nicht sehr gut. Muß in der Familie liegen. Und da ich immer auf dem Boden unten bin, merke ich nicht, wenn die Leute auf der Straße daherkommen. Infolgedessen tritt man immer auf mich und meine Familie. Und, Gott, ich habe überall Schmerzen. Du weißt, es gibt eine ganze Menge Muskeln, die einem weh tun können. Ich bin mit den Nerven völlig herunter. Wenn Regen auf Blätter fällt, zucke ich schon zusammen.«

»Dann bist du wirklich schlecht dran.«

»Ich habe schon alle möglichen Mittel versucht. Aber sie helfen nicht. An manchen Tagen geh ich vor lauter Angst, daß jemand auf mich tritt, überhaupt nicht mehr aus dem Bett.«

Gott zündete sich eine große Zigarre an und blies ein paar Minuten Ringe in die Luft.

»Nun, das habe ich nicht gewollt«, sagte er, griff in die Tasche und zog eine kleine Flasche hervor.

»Hier. Das ist Gift. Du träufelst es in den Mund. Und du und deine Familie werden Ruhe haben. Es wird dich schützen. Jeden, der auf dich tritt, darfst du beißen, und er bekommt etwas Gift ab.«

»Danke Gott. Ich bin dir wirklich sehr dankbar.«

»Keine Ursache. Ich freue mich immer, wenn ich jemandem helfen kann. Wenn du wieder ein Problem hast, laß es mich wissen.«

Die Schlange verschwendete auch nicht eine Minute. Sie glitt die große Himmelsleiter hinunter und kroch heim. Und als Herr Schlange seiner Frau von dem Gift erzählte, war sie glücklich und küßte ihn. Er sagte ihr, sie solle sich beruhigen und ging ins Bett.

Einige Tage später ließ das Kaninchen im Wald bekanntmachen, alle Tiere sollten ihre Gewerkschaftsfunktionäre zu einer Versammlung schicken. Alle Tiere, außer den Schlangen.

»Die Sitzung kann beginnen«, rief das Kaninchen. »He, Herr Elefant. Können Sie nicht Platz nehmen? Sie stehen vor der Sonne. Ich begreife nicht, warum Gott ausgerechnet ein so stumpfsinniges Vieh so groß geschaffen hat.« Der Elefant setzte sich.

»Sie hocken immer noch vor der Sonne, Herr Elefant.«

»Tut mir leid, Herr Kaninchen.«

»Na ja, ich verstehe, es ist nicht allein deine Schuld. Aber könntest du vielleicht deinen Schädel etwas zur Seite wenden, daß etwas Licht durchkommt? Ja, so ist's gut. Na also.

Jeder weiß, warum ich diese Versammlung einberufen habe. Es geht um die Schlange. Wir müssen etwas unternehmen und zwar schnell, sonst tötet sie uns alle. Ich bin auf dreizehn Beerdigungen gewesen in dieser Woche, und heute ist erst Dienstag.«

»Ich weiß, was du meinst«, warf der Frosch ein. »Diese Schlange hat drei meiner Onkel, sieben Neffen, zwei Tanten und meinen Schwager auf dem Gewissen. Allerdings muß ich zugeben ... es war eine Art Segen, daß ich meinen Schwager losgeworden bin.«

»Segen hin, Segen her. Diese Schlange ist eine Gefahr, seit Gott ihr das Gift gegeben hat. Sie beißt jeden. Sie kann schlecht sehen, aber ihr Gehör muß wohl doch in Ordnung sein. Denn wenn auch schon jemand das geringste Geräusch macht, ist er ein toter Mann.«

» Ja, was sollen wir nur tun?« fragte der Fuchs.

»Die Schlange muß verschwinden, oder wir werden ihr das Verschwinden beibringen«, sagte der Panther. »Sagt der Schlange, wenn sie ihre gespaltene Zunge das nächste Mal an jemanden legt, hat ihr letztes Stündlein geschlagen.«

»Ich fürchte, sie wird ihre gespaltene Zunge noch an viele legen«, meinte das Kaninchen, »ohne daß ihr letztes Stündlein geschlagen hat.«

»Das stimmt«, warf die Eule ein, »solchen Kerlen ist mit einer Kraftprobe nicht beizukommen.«

Der Elefant sagte:

»Wir könnten ganz freundlich mit der Schlange reden, sie wissen lassen, daß wir ihr nichts Böses wollen, sondern nur unsere Rechte. Das müßte sie doch begreifen?«

»Wie ich schon sagte: warum hat dich Gott nur so groß geschaffen und dir so wenig Verstand gegeben? Wenn man dein Gehirn hundertfach vergrößern würde, paßte es in den Nabel einer Stechmücke. Verstanden! Sie begreift gar nichts, wenn sie nicht will, solange sie so viel Macht hat.«

Sie redeten und redeten, bis das Kaninchen voller Abscheu sich selbst hinauf zum Himmel auf den Weg machte. Es wußte schon, daß nach all dem Reden sie am Ende doch nur beschließen würden, eines der Tiere solle mit Gott sprechen. Das Kaninchen fragte sich, ob es eigentlich das einzige Tier sei, das noch einen Funken Verstand besitze.

Gott las die Zeitung, als das Kaninchen unter seinem Vordach ankam.

»Sieh da, das Kaninchen. Unter uns: Zwischen 1960 und 1980 wird man vergeblich irgendwo nach mir Ausschau halten. Richte dich schon jetzt darauf ein, dich dann zu verstecken. Das werden harte zwanzig Jahre werden. Ja, ja.

Ich werde nicht ansprechbar sein in dieser Zeit. Nein, auf keinen Fall.«

»Gott, wovon redest du?«

»Denk nur immer daran, was ich dir gesagt habe. Okay?«

Gott faltete die Zeitung zusammen und legte sie neben seinen Stuhl. Dann fragte er: »Aber was willst du?«

»Es geht um die Schlange!«

»Sie war vor ein paar Tagen hier.«

»Das haben wir gemerkt. Du hast ihr Gift gegeben. Sie hat so viele Tiere gebissen, daß jetzt unten das große Packen beginnt und alles in den Norden abrückt. Die Leute haben Angst, ihre Frauen und Töchter nachts allein auf die Straße gehen zu lassen. So sieht es aus. Gott, diese Schlange hat 347 Tiere, fünf Eichenbäume, 17 Palmen und einen Stechginsterstrauch gebissen. Ha! Ha! Ha! Du hättest Herrn Schlange sehen sollen, nachdem er den Stechginsterbusch gebissen hatte. Das geschah ihm recht. Da ist er mal an den Falschen geraten.«

»Ich begreife«, sagte Gott. »Paß auf, Kaninchen. Du gehst jetzt hinunter und richtest Herrn Schlange aus, er solle sofort zu mir kommen.«

»Es ist ziemlich gefährlich, sich ihm zu nähern, Gott.«

»Dann sag dem Elefanten, er soll die Botschaft in die Richtung trompeten, in der ihr Herrn Schlange vermutet. Mit seinem schlechten Gehör scheint es ja doch nicht so weit her zu sein.«

Ein paar Stunden später ringelte sich die Schlange auf dem Stuhl neben Gott.

»Gott, ich bin dir wirklich sehr dankbar für das Gift, das du mir vor ein paar Tagen gegeben hast. Niemand ist seither auf mich getreten.«

»Darüber wollte ich eben mit dir sprechen. Wie ich höre, scheinst du das Gift nicht nur zu deinem Schutz zu verwenden.«

»Nun, Gott, du weißt, daß meine Augen nicht gut sind. Ich kann nicht erkennen, wer mein Freund und wer mein Feind ist. So beiße ich eben jeden, der auf mich zukommt. Auf mir ist so viel herumgetrampelt worden. Ich mag da kein Risiko mehr eingehen.«

»Das würde ich ja noch begreifen. Aber wie ich höre, terrorisierst du die anderen.«

»Das ist nicht meine Absicht. Wirklich nicht.«

Da griff Gott in die Tasche.

»Hier«, sagte er, »nimm diese Klapper und stecke sie auf deinen Schwanz. Wenn du etwas hörst, so beweg dich. Das wird die anderen warnen. Wenn es sich um einen Freund handelt, wird er stehenbleiben. Ist er aber dein Feind, so wird er sich von dem Klappern nicht abhalten lassen, und danach müßt ihr es halt unter euch ausmachen, wer der Stärkere ist. Hast du verstanden?«

»Ja, Gott. Ich danke dir. Es war ohnehin sehr mühsam, immer jeden beißen zu müssen, der des Weges kam. Sehr mühsam.«

Und so wurde aus der Schlange eine Klapperschlange.

Das Mädchen mit den großen Augen

Vor langer Zeit lebte in einem Dorf in Afrika ein Mädchen mit sehr großen Augen. Sie hatte die schönsten Augen unter allen Mädchen des Dorfes, und wann immer ein junger Mann sie ansah, wenn sie über den Marktplatz ging, brachten ihn diese Augen in große Verwirrung.

In dem Sommer, in dem sie heiraten sollte, wurde die Gegend von einer großen Dürre heimgesucht. Seit Monaten war kein Regen mehr gefallen, die Ernten verdarben, die Erde verwandelte sich in Staub, und Flüsse und Quellen wurden Schlammlöcher. Die Menschen litten Hunger. Und wenn der Mensch nur noch an seinen Hunger denkt, kann er nicht an Hochzeiten denken, selbst wenn es um die Hochzeit eines sehr schönen Mädchens geht.

Auch ihr selbst blieb wenig Zeit, an die Hochzeit zu denken, die gefeiert worden wäre, wenn die Dürre nicht eingesetzt hätte. Sie hatte wenig Zeit, an den jungen Mann zu denken, der sonst schon ihr Ehemann gewesen wäre. Sie hatte zu alldem keine Zeit, denn jeden Tag mußte sie ausgehen und Wasser für ihre Familie suchen. Das war nicht so einfach. Meist lief sie den ganzen Vormittag am Flußbett entlang, bis sie endlich einen Tümpel entdeckt hatte, um ihren Krug zu füllen.

Eines Morgens sah sie sich auch wieder nach Wasser um, da tauchte aus dem Schlamm ein großer Fisch hervor, der sprach zu ihr:

»Gib mir deinen Krug. Ich fülle ihn dir mit Wasser.«

Das Mädchen war erstaunt, daß der Fisch sprechen konnte, und ein bißchen Furcht hatte sie auch. Aber da sie bisher nirgends hatte Wasser entdecken können, reichte sie dem Fisch den Krug, und er füllte ihn mit kaltem, klarem Wasser.

Alle staunten, als sie so klares Wasser heimbrachte und wollten wissen, wo sie es her habe. Sie lächelte mit ihren großen Augen, sagte aber nichts.

Am nächsten Tag ging sie zu derselben Stelle zurück, und wieder füllte ihr der Fisch den Krug mit klarem, kaltem Wasser. Jeden Tag ging das nun so, und mit der Zeit gewann sie den Fisch gern. Seine Haut schimmerte in den Farben des Regenbogens. Seine Stimme war sanft und freundlich wie das klare, kühle Wasser, das er in ihren Krug füllte. Am siebenten Tag gab sie sich dem Fisch hin und wurde seine Frau.

Die Familie des Mädchens war es zufrieden, jeden Tag frisches Wasser zu bekommen, aber natürlich wurde sie auch neugierig, wo das Wasser herkam. Jeden Tag wurde das Mädchen danach gefragt, aber sie lächelte nur mit ihren großen Augen und sagte nichts.

Der Vater des Mädchens war ein Hexendoktor, und er fürchtete, seine Tochter könne sich mit bösen Geistern eingelassen haben. Eines Tages verwandelte er den Bruder des Mädchens in eine Fliege, riet ihm, sich in den Krug zu setzen, um so herauszufinden, woher das Mädchen das Wasser habe.

Als sie zu dem geheimen Ort ging, belauschte der Bruder das Mädchen und den Fisch und sah, wie sie sich umarmten. Da flog er rasch heim, um seinem Vater zu berichten, was er gehört und gesehen hatte.

Als die Eltern hörten, daß ihre Tochter einen Fisch geheiratet hatte, waren sie sehr aufgeregt und beschämt. Wenn das ein junger Mann aus dem Dorf herausfand, würde keiner sie mehr heiraten, und die Familie würde in Schande davongejagt werden.

Am nächsten Morgen befahl der Vater deshalb dem Mädchen, daheim zu bleiben und ging zusammen mit seinem Sohn selbst zu dem geheimen Ort am Fluß. Sie riefen, der Fisch tauchte auf. Sie töteten ihn und nahmen ihn mit heim. Sie warfen dem Mädchen den toten Fisch vor die Füße und riefen:

»Hier bringen wir dir deinen toten Ehemann.«

Das Mädchen sah sie an, sah den Fisch an. Seine Haut war häßlich und grau geworden, die Farben waren verblaßt. Ihre Augen füllten sich mit Tränen.

Sie nahm den Fisch auf und ging zum Fluß und dabei dachte sie: Was soll nur aus dem Kind werden, das in meinem Bauch wächst. Wenn meine Eltern schon meinen Mann getötet haben, werden sie gewiß auch das Kind töten, wenn es zur Welt kommt.

Sie lief viele Meilen, trug ihren toten Mann auf dem Arm und kam endlich zu einer Stelle des Flusses, an der es fließendes Wasser gab. Sie wußte, daß Leiden nur durch Geduld ertragen oder durch eine Medizin geheilt werden können. Wenn beides keine Hilfe bringt, dann bleibt nur der Tod.

Sie rief den Namen ihres Mannes und watete ins Wasser, bis

es über ihrem Kopf zusammenschlug. Aber als sie starb, gebar sie viele Kinder. Die treiben immer noch im Fluß, bis auf unsere Tage. Es sind die Wasserlilien.

Der Sohn des Kim-ana-u-eze und die Tochter von Sonne und Mond

Als der Sohn des Kim-ana-u-eze in das Alter kam, in dem die jungen Männer heiraten, sprach sein Vater zu ihm: »Hast du dir unter den jungen Mädchen des Dorfes eine ausgewählt?«
»Ich will kein Mädchen aus unserem Dorf heiraten.«
»Dann liebst du also eine aus einem anderen Dorf?«
»Nein. Ich will kein Mädchen von dieser Welt heiraten.«
»Aber wer soll dann deine Frau werden?«
»Ich will die Tochter von Sonne und Mond zur Frau nehmen.«
Der Vater sah seinen Sohn erstaunt an.
»Du hast immer mehr geträumt als die anderen Kinder, aber das ist lächerlich. Niemand kann die Tochter von Sonne und Mond heiraten.«
»Aber ich habe es mir nun einmal in den Kopf gesetzt.«
Der Vater wandte sich ab und fragte sich, warum er nur mit einem so törichten Sohn geschlagen sei.
Der Sohn des Kim-ana-u-eze setzte sich hin und schrieb einen Brief, in dem er den Herrn Sonne und die Dame Mond um die Hand ihrer Tochter bat. Den Brief gab er dem Reh und bat es, ihn hinauf in den Himmel zu bringen.
»Aber ich kann nicht hinauf in den Himmel«, war die Antwort.
Der junge Mann versuchte es beim Falken.
»Du bist der stolzeste unter den Vögeln, gewiß kannst du bis in den Himmel fliegen.«
»Ich komme nur bis zur Hälfte«, sagte ihm der Falke, »jedes Stück weiter ist zu weit für mich.«
Von allen Tieren, die der Sohn des Kim-ana-u-eze fragte, erhielt er die gleiche Antwort. Er wollte schon aufgeben, als der Frosch von seinen Sorgen hörte und zu ihm kam.
Er allein von allen Tieren wußte, daß Leute des Herrn Sonne und der Dame Mond jeden Tag auf die Erde kamen, um Wasser zu holen.
»Gib mir den Brief«, sagte der Frosch, »ich werde ihn zustellen.«
Der Sohn des Kim-ana-u-eze wurde ärgerlich.

»Ich bin nicht zu Späßen aufgelegt, Frosch. Es ist nicht recht, daß du zu mir kommst und mich nur zum Narren halten willst.«

»Ich halte dich nicht zum Narren. Gib mir den Brief, und er wird jene erreichen, für die er bestimmt ist.«

»Du bist ein Frosch. Wie willst du es schaffen, wenn es selbst der Falke nicht fertigbringt, der doch die stärksten Schwingen hat?«

»Stärke ist nicht alles«, sagte der Frosch.

Diese Antwort beeindruckte den Sohn des Kim-ana-u-eze, und er gab dem Frosch den Brief.

»Aber wenn du mich reinzulegen versuchst, wird es dir schlecht ergehen«, warnte er ihn.

»Du wirst schon sehen.«

Der Frosch sprang zu der Quelle, aus der die Diener des Herrn Sonne und der Dame Mond Wasser schöpften. Er setzte sich auf den Grund der Quelle und wartete. Nach einer Weile kamen die Diener. Sie versenkten einen Krug in den Brunnen, holten Wasser herauf. Aber sie merkten nicht, daß der Frosch mit in dem Krug saß.

Die Diener kehrten in den Palast des Herrn Sonne und der Dame Mond im Himmel zurück. Dort stellten sie den Krug in einem Zimmer ab und gingen fort.

Der Frosch sprang aus dem Krug, sah sich um, entdeckte einen Tisch und legte den Brief dort hin. Darauf versteckte er sich in einer Ecke.

Kurz darauf kam der Herr Sonne in das Zimmer und sah den Brief auf dem Tisch. Er rief seine Diener und fragte:

»Wo kommt dieser Brief her?«

»Das wissen wir nicht«, antworteten sie.

Er öffnete den Brief und las:

»Ich, Sohn des Na Kim-ana-u-eze Kia Tumb'a Ndala, ein Erdenmensch, begehre die Tochter des Herrn Sonne und der Dame Mond zum Weibe.«

Der Herr Sonne räumte den Brief fort und sagte niemandem etwas vom Inhalt. Er konnte es nicht begreifen, wie der Brief eines irdischen Wesens in den Himmel gekommen war.

Der Frosch sprang wieder in den Krug, und als er leer war, stiegen die Diener wieder hinunter auf die Erde, um ihn zu füllen. Als sie an der Quelle ankamen, sprang der Frosch heraus und versteckte sich, bis die Diener wieder fortgegangen waren.

Viele Tage vergingen. Der Sohn des Kim-ana-u-eze hörte nichts von dem Frosch. Also ging er aus, um nach ihm zu suchen. Als er ihn traf, fragte er:

»Hast du meinen Brief hinaufbringen können?«

»O ja«, sagte der Frosch, »aber sie haben noch keine Antwort geschickt.«

»Du lügst. Du bist gar nicht im Himmel gewesen. Ich wußte gleich, daß du mich zu täuschen versuchst!«

Der Frosch wurde böse:

»Hab doch Vertrauen zu mir. Vielleicht wird der Herr Sonne auf deinen nächsten Brief antworten.«

Wütend wandte sich der Sohn des Kim-ana-u-eze ab.

Sechs Tage verstrichen, ehe er sich entschloß, es mit dem Frosch doch noch einmal zu versuchen.

Er schrieb einen zweiten Brief, der lautete:

»Ich schrieb Euch, Herr Sonne und Dame Mond. Mein Brief wurde bei Euch abgegeben, er blieb aber ohne Antwort. Warum laßt Ihr mich nicht wissen, ob Ihr mir Eure Tochter zur Frau geben wollt?«

Er händigte diesen Brief dem Frosch aus und sprach:

»In deinem eigenen Interesse hoffe ich, daß du diesmal mit einer Antwort zurückkommst.«

Der Frosch ging zur Quelle, und als die Diener kamen, sprang er wieder in den Krug und wurde so hinauf zum Himmel getragen, wo Herr Sonne und Dame Mond wohnen. Im Palast hielt er sich im Krug versteckt, bis niemand mehr im Zimmer war. Dann sprang er heraus, legte den Brief auf den Tisch und versteckte sich wieder.

Bald kam der Herr Sonne herein und sah den Brief.

Er öffnete ihn und las. Er rief die Diener.

»Bringt ihr Briefe mit, wenn ihr Wasser holen geht?«

»O nein«, sagten sie.

Herr Sonne wußte nicht, ob er ihnen glauben sollte, doch bisher hatten sie nie den leisesten Anlaß gegeben, an ihrer Zuverlässigkeit zu zweifeln. Also entschloß er sich, einen Antwortbrief zu verfassen, der da lautete:

»Du kannst unsere Tochter heiraten, wenn Du mit Deinem ersten Geschenk kommst.«

Er faltete den Brief zusammen und legte ihn auf den Tisch. Dann verließ er das Zimmer.

Der Frosch sprang auf den Tisch, holte den Brief und versteckte sich wieder in dem Krug; bald darauf war er wieder unten auf der Erde. Dort wartete er bis zum Abend und brachte dann dem Sohn des Kim-ana-u-eze die Antwort. Der junge Mann war sehr erfreut. Er nahm 40 Goldstücke aus seiner Börse und schrieb:

»Ich habe das erste Geschenk gebracht. Ich erwarte Eure Antwort, was Ihr als Werbungsgeschenk haben wollt.«

Brief und Geld brachte der Frosch wieder hinauf in den Himmel und legte es im Palast auf den Tisch.

Der Herr Sonne kam in das Zimmer, las den Brief,

prüfte die Goldstücke und war sehr zufrieden. Er sah sich in dem Raum um, konnte niemanden entdecken. Er lächelte und bewunderte die Schlauheit des Mannes, der um seine Tochter warb. Dann rief er die Dame Mond und erzählte ihr, was vorgefallen war, und auch sie war sehr zufrieden. Sie befahl, eine junge Henne zu kochen, damit der Bräutigam etwas zu essen habe. Als das Zimmer wieder leer war, kam der Frosch aus seinem Versteck, aß den Hühnerbraten und verkroch sich darauf wieder in seine Ecke.

Einige Stunden später betrat Herr Sonne wieder den Raum. Die Henne war gegessen, aber immer hatte er noch nicht gesehen, wer sie gegessen hatte. Er setzte sich an den Tisch und schrieb wieder einen Brief:

»Wir haben Dein Geschenk erhalten. Als Hochzeitsgeschenk erwarten wir einen Sack mit Münzen.«

Er versiegelte den Brief, legte ihn auf den Tisch und verließ das Zimmer.

Wie der Brief zu Kim-ana-u-ezes Sohn gelangte, kann man sich denken.

Sechs Tage brauchte der junge Mann, um einen ganzen Sack mit Goldmünzen zusammenzubekommen. Er schrieb einen Brief, in dem hieß es:

»Hier ist das Hochzeitsgeschenk. Bald werde ich Euch den Tag nennen, an dem ich meine Frau heimholen komme.«

Der Frosch schaffte auf dem bekannten Weg wieder alles hinauf in den Himmel, obwohl er diesmal schwer zu schleppen hatte. Niemand entdeckte ihn. Herr Sonne und Frau Mond fanden den Brief, fanden die Goldmünzen. Und diesmal ließen sie für den Bräutigam ihrer Tochter ein ganzes Schwein braten und stellten es in das leere Zimmer. Der Frosch hatte auch einige Mühe, den großen Schweinebraten aufzuessen. Aber schließlich schaffte er es und gelangte auch auf die bekannte Weise wieder zurück zur Erde.

Er erzählte dem Sohn des Kim-ana-u-eze, was sich diesmal zugetragen hatte und sagte:

»Nun mußt du den Tag benennen, an dem du deine Braut heimholen willst.«

Zwölf Tage versuchte der junge Mann, ein Tier zu finden, das in den Himmel reisen könnte, um die Braut abzuholen. Keines fand sich. Verzweifelt kam der Sohn des Kim-ana-u-eze zu dem Frosch und klagte ihm sein Leid.

»Überlasse es mir«, sagte der Frosch.

»Du hast vieles erreicht, Frosch, und ich danke dir. Aber meine Braut kannst du nicht heimbringen. Dazu bist du zu klein.«

»Stärke ist nicht die einzige Tugend, Sohn des Kim-ana-u-eze.«

Der Frosch ging zum Brunnen und kehrte auf die bekannte Weise in den Palast der Sonne und des Mondes zurück. Er verbarg sich in der Ecke des Zimmers bis zum Abend. Als alles still war, schlich er sich zu dem Zimmer, in dem die Tochter der Sonne und des Mondes schlief. Er nahm ihr die Augen aus dem Kopf und knotete sie in ein Taschentuch. Dann versteckte er sich wieder in seiner Ecke und legte sich auch schlafen.

Am nächsten Morgen waren der Herr Sonne und die Dame Mond sehr aufgeregt. Ihre Tochter war nicht zum Frühstück erschienen.

Sie liefen zum Schlafzimmer ihres Kindes, um nachzuschauen, was geschehen sei.

»Ich kann nicht aufstehen«, rief das Mädchen, »ich sehe nichts mehr.«

Herr Sonne und Frau Mond steckten die Köpfe zusammen und berieten sich. So etwas war ihnen noch nie vorgekommen. Am Tag davor hatten die Augen ihrer Tochter noch gefunkelt wie die Sterne am Nachthimmel.

Der Herr Sonne rief drei Botschafter.

»Lauft zu Ngombo, dem Zauberdoktor. Fragt ihn, wie das geschehen konnte und was wir tun sollen!«

Ehe es Abend wurde, waren sie zurück und sprachen: »Ngombo meint, sie ist noch nicht verheiratet. Ein Mann von der Erde, der sie heiraten will, hat sie verzaubert, und wenn sie nicht zu ihm kommt, so wird sie sterben.«

Der Herr Sonne wiegte den Kopf, und darauf befahl er, seine Tochter für die Heirat einzukleiden. Am nächsten Morgen sollten die Botschafter sie hinunter auf die Erde bringen.

Am nächsten Morgen kehrte auch der Frosch in dem Wasserkrug wieder auf die Erde zurück, und dort wartete er an der Quelle. Am Abend kamen die Botschafter von Sonne und Mond mit der Tochter auf der Erde an. Sie ließen das Mädchen an der Quelle zurück und stiegen dann wieder hinauf in den Himmel.

Der Frosch aber setzte dem Mädchen ihre Augen wieder ein und führte sie zu dem Haus des Sohnes von Kim-ana-u-eze. So heiratete dieser junge Mann die Tochter von Sonne und Mond, und lange lebten sie glücklich und in Freuden.

Jack und des Teufels Tochter

Es war einmal ein Mann, der hatte zwei Söhne. Eines Tages, als sie fast erwachsen waren, rief der alte Mann sie zu sich.

»Ich habe mich entschlossen, daß ihr schon jetzt euer Erbe erhalten sollt«, sprach er, »ich mag nicht, daß ihr hier im Haus herumsitzt und wartet, bis ich sterbe.« Darauf gab er jedem von ihnen 1000 Dollar.

»Und jetzt will ich euch beide nicht mehr sehen. Macht mit dem Geld, was ihr wollt, aber wenn ihr es verschwendet, dann Schande über euch.«

Der erste Sohn, der John hieß, kaufte sich einen kleinen Laden, heiratete und ging seinem Beruf nach.

Der andere Sohn aber, der Jack hieß, steckte die 1000 Dollar in die Tasche, nahm ein Spiel Karten mit und ging die Straße hinunter. Jack war der geborene Spieler. Jeder, der mit ihm zusammenkam, hatte Pech, weil Jack alles Glück gepachtet hatte. Es gab kein Kartenspiel auf der weiten Welt, das er nicht gekannt hätte. Und wenn Einsätze auf einen Tisch gelegt wurden, gab es niemanden, der Jack dabei etwas vorgemacht hätte.

Es war sehr gut eingerichtet, daß Jack ein solches Talent zum Glücksspiel besaß, denn hätte er arbeiten müssen, er wäre gestorben. Seine Hände waren babyweich. Aber man darf sich dadurch nicht irreführen lassen. Wenn es darauf ankam, konnte Jack auf 100 Yard eine Fliege treffen und so rasch auf einen Mann einstechen, daß der sich fürchtete zu bluten, wenn Jack ihm befahl, das nicht zu tun.

Nun, eines Tages kam Jack in ein Gasthaus, und dort saß ein Mann allein am Tisch.

»Du siehst so aus, als könntest du Karten spielen«, sagte Jack zu dem Mann.

Der Mann sagte kein Wort. Er nickte nur. Jack setzte sich, mischte die Karten und teilte sie aus. Jack sah sich seine Karten an. Der Mann schaute auf sein Blatt und legte dann 100 Dollar auf den Tisch.

»Hör mal«, sagte Jack, »ich dachte, wir wollten ein Glücksspiel machen«, und er legte 500 Dollar zu den 100 Dollar, die der Mann eingesetzt hatte.

Der Mann verzog keine Miene. Er erhöhte noch einmal um 500 Dollar und Jack schob 300 Dollar nach. Jack warf zwei Karten ab und nahm zwei vom Stapel auf.

»Nimmst du keine Karten?« fragte er den Mann.

Keine Antwort.

Jack zuckte die Achsel. »Es ist ja dein Geld, das du verlierst.«

Er lachte und zeigte drei Zehnen vor. Der Mann drei Königinnen und drei Asse und strich das Geld ein.

Jack lachte.

»Diesmal hast du Glück gehabt. Aber spielen wir noch eine Runde.«

Wieder verlor Jack.

»Nun, Mister, du bist entschieden der beste Spieler, der mir seit langem über den Weg gelaufen ist. Das Spiel ist leider aus. Ich habe kein Geld mehr.«

Da redete der Mann zum ersten Mal.

»Ich wette alles Geld, das auf dem Tisch liegt, gegen dein Leben.«

Jack lachte. »Warum nicht?«

Er machte sich keine Sorgen. Selbst, wenn er dieses Spiel verlor, konnte er sich immer noch mit dem Messer heraushauen, sich mit der Pistole den Weg freischießen oder seine Fäuste gebrauchen. Wenn der Mann versuchen sollte, ihn zu töten, nun, Jack würde ihn zuvor schon getötet haben.

Sie spielten und Jack verlor.

Der Mann stand auf. Er war vierzehn Fuß groß. Jetzt bekam Jack doch etwas Angst. Der Mann sah auf ihn herab und sagte mit tiefer Stimme.

»Ich heiße Teufel und wohne jenseits der tiefen blauen See. Ich werde dich nicht gleich töten, denn ich mag es, wie du bist. Wenn du morgen um diese Zeit in mein Haus kommst, werde ich dich verschonen, wo nicht, bist du mir verfallen.«

Darauf verschwand er.

Jack wußte nicht, was er tun sollte. Er hatte mit dem Teufel Karten gespielt. Da konnte er freilich nicht gewinnen! Je länger er darüber nachdachte, desto elender fühlte er sich. Und je elender er sich fühlte, desto mehr dachte er darüber nach.

Ein alter Mann kam herein und sah, wie Jack die Tränen übers Gesicht liefen.

»Was ist denn mit dir los, Sohn?«

»Ich habe mit dem Teufel Karten gespielt, und er hat gewonnen. Er hat zu mir gesagt, morgen um die Zeit muß ich in seinem Haus jenseits des Ozeans sein oder er bringt mich um.«

Der alte Mann sprach:

»Das sind Probleme! Das will ich meinen. Es gibt nur ein Wesen, das über den Ozean gelangen kann, dorthin, wo der Teufel lebt.«

»Und wer wäre das?«

»Der kahle Adler. Es gibt einen kahlen Adler, der kommt jeden Morgen an die Küste des Ozeans, wäscht sich im Wasser und streift seine alten Federn ab. Wenn er dreimal ins

Wasser getaucht ist, schüttelt er sich ein bißchen, breitet die
Flügel aus und fliegt dann fort. Nun, wenn du mit einem
Kalb dort sein könntest, nachdem er das drittemal getaucht
ist, müßte es möglich sein, auf den Rücken des Vogels zu
springen, und dann wird er dich hinüber zum Teufel tragen.«
»Wozu ist das Kalb gut?«
»Der Vogel ist hungrig, und jedesmal, wenn er schreit, mußt
du ihm ein Stück von dem Kalb geben, dann beruhigt er
sich. Tust du das aber nicht, dann frißt er dich auf.«
Am nächsten Morgen war Jack früh an Ort und Stelle. Es
dauerte gar nicht lange, da kam der kahle Adler von der anderen Seite des Ozeans her angeflogen. Jack beobachtete,
wie er dreimal tauchte, sich schüttelte, und da sprang er auf
seinen Rücken, mit einem Kalb unter dem Arm, und der
kahle Adler stieg auf gegen die Sonne hin. Sie waren kurze
Zeit geflogen, als der Adler den Kopf drehte und rief:

> *Ein Viertel über dem Ozean!*
> *Ich sehe nichts als blaues Wasser!*

Jack bekam Angst, als er den Adler so singen hörte und statt
ihm nur ein Stück von dem Kalb zu geben, gab er ihm das
ganze Kalb. Der Adler verschlang es und flog weiter.
Nach einer Weile begann der Adler wieder den Kopf zu
drehen und zu rufen:

> *Halbwegs über dem Ozean!*
> *Ich sehe nichts als blaues Wasser!*

Jack hatte kein Fleisch mehr. Er fürchtete sich aber so sehr,
daß er sich sein eines Bein ausriß und es dem Vogel gab. Der
verschlang es und flog weiter.
Nach einer Weile aber begann er abermals den Kopf zu
drehen und zu schreien:

> *Dreiviertel über dem Ozean!*
> *Ich sehe nichts als blaues Wasser!*

Diesmal riß sich Jack einen Arm ab und gab ihn dem Vogel.
Der verschlang ihn und flog weiter. Bald darauf landete der
Adler, Jack sprang von seinem Rücken und sah sich nach dem
Haus des Teufels um. Er wußte nicht genau, wo der Teufel
wohnte, also fragte er den ersten besten Menschen, den er
traf.
»Es ist das erste große weiße Haus hinter der Kurve«, sagte
man ihm.
Er ging zu diesem Haus und klopfte an die Tür.
»Wer ist da?« rief eine Stimme.
»Einer von den Freunden des Teufels. Einer mit nur einem
Arm und nur einem Bein.«
Der Teufel sagte zu seinem Weib:
»Greif mal hinter die Tür, gib dem Narren einen Arm und
ein Bein und dann laß ihn herein.«

Jack nahm den Arm und das Bein und betrat das Haus.

»Nun«, sagte der Teufel, »wie ich sehe, hast du hergefunden. Du kommst gerade recht zum Frühstück.«

»Das trifft sich gut, denn ich habe Hunger.«

»Das kann ich mir vorstellen. Aber ehe du ißt, könntest du mir einen kleinen Gefallen tun.«

»Ich helfe immer gern«, sagte Jack.

»Recht so. Ich habe da hundert Morgen Wald zu fällen. Ich brauche das Holz, um das Feuer in der Hölle zu unterhalten.«

»Hundert Morgen sagst du?«

»Das ist doch nicht viel für einen Kerl, der mit dem Teufel Karten gespielt hat.«

»Und das soll ich noch vor dem Frühstück erledigen?«

»Du mußt nicht, aber wenn du es nicht tust, bist du ein toter Mann«, sagte der Teufel.

Jack griff sich eine Axt und ging in den Wald.

Als er die hundert Morgen Bäume sah, wußte er, daß es für hundert Männer hundert Jahre Arbeit war, um sie zu fällen. Es würde ihn ein Jahr kosten, auch nur einen Baum auf der einen Seite anzuschlagen, Jack hatte noch nie so große Bäume gesehen. Er mußte sich geschlagen geben. Aber statt sich hinzusetzen und sich zu sorgen, legte Jack sich hin und schlief ein.

Nun hatte der Teufel eine Tochter, die hieß Beulah Mae. Sie hatte Jack aus dem Hinterzimmer hervor betrachtet und sich in ihn verliebt. Niemand vermag zu sagen, warum sich jemand verliebt. Vielleicht verliebte sie sich in ihn, weil er grüne Wildlederschuhe trug. Vielleicht auch, weil er ein rosa Hemd anhatte. Vielleicht gefiel es ihr, wie seine Goldplomben glänzten. Was immer es auch war, sie war völlig verrannt in Jack. Und als sie hörte, was ihr Vater dem armen Jack da aufgetragen hatte, war ihr klar, daß er nur nach einer Ausrede sann, um Jack umzubringen. Sie hatte das schon oft erlebt. Aber sie hatte Jack gern, und ihm sollte das nicht zustoßen. Also ging sie in den Wald und fand dort Jack schlafend, wie Daniel in der Löwengrube.

»Weißt du nicht, daß mein Vater dich töten wird, wenn du diese Arbeit nicht ausführst?« fragte sie.

Jack fuhr hoch.

»Wer bist du?« fragte er und rieb sich die Augen.

»Ich bin Beulah Mae, des Teufels Tochter.«

»Nun, Beulah Mae, ich freue mich, daß mich dein Vater immerhin so lange am Leben gelassen hat, daß ich dich ansehen konnte. Liebling, du bist hübscher als ein ›royal flash‹ (eine Sequenz beim Poker). Du siehst so schön aus, wie Ella Fitzgerald singt.«

Beulah Mae wurde rot.

»Ich will dir helfen, diesen Wald zu fällen. Leg deinen Kopf in meinen Schoß und schlaf wieder ein.«

Dazu brauchte es für Jack nicht eine zweite Einladung. Er schlief wieder ein. Beulah Mae blickte die Axt an und sang:

> Axt schneide auf einer Seite,
> Axt schneide auf der anderen Seite.
> Wenn ein Baum fällt,
> fallen die anderen mit.

Da brachen die ganzen 100 Morgen Bäume um.

Nach einer Weile weckte Beulah Mae Jack auf, und er ging nach Hause, um zu frühstücken.

»Bist du mit den Bäumen fertig geworden?« fragte der Teufel.

Jack nickte. »Ja, und einen guten Appetit habe ich dabei auch bekommen.«

Der Teufel trat vor das Haus und tatsächlich, die 100 Morgen Wald waren gefällt.

»Nun, Jack«, sprach der Teufel, »du bist fast so gut wie ich.«

Jack lachte: »Fast!«

Der Teufel konnte sich nicht vorstellen, wie Jack die 100 Morgen Wald hatte fällen können.

»Wenn du mit dem Frühstück fertig bist, wäre da noch etwas, wobei ich deine Hilfe brauchen könnte«, sagte der Teufel.

»Und das wäre?«

»Ich habe einen Brunnen. Er ist hundert Fuß tief. Ich möchte, daß du ihn trocken schöpfst. Und wenn ich trocken meine, dann meine ich nicht schlammig, sondern wirklich trocken. Er muß so trocken sein, daß am Boden Staub liegt. Und dann will ich, daß du mir das bringst, was du auf dem Boden des Brunnens findest.«

»Ist das alles?« fragte Jack, ohne vom Frühstück aufzublicken.

»Vorläufig.«

Jack nahm sich Zeit. Er war überzeugt, das Frühstück würde seine letzte Mahlzeit sein. Einen Brunnen so ausschöpfen, daß Staub am Boden liegt! Der Teufel war wirklich von allen guten Geistern verlassen. Jack verbrachte mehrere Stunden damit, sich in den Zähnen herumzustochern. Dann ging er hinaus, um sich den Brunnen einmal anzuschauen. Er war wirklich hundert Fuß tief. Jack warf einen Blick hinein. Dann streckte er sich wieder im Gras aus und war nach einer Minute eingeschlafen.

Nach einer Weile kam Beulah Mae und weckte Jack.

»Was für eine Aufgabe hat mein Vater dir diesmal gestellt?« fragte sie.

Jack stand auf.

»Der Narr will, daß ich diesen Brunnen trockenlege. Er muß so trocken sein, daß es auf dem Boden staubt. Und dann soll ich ihm auch noch das bringen, was sich auf dem Boden des Brunnens findet. Liebling, dein Vater ist wirklich verrückt.«

»Nein, das ist er nicht. Er ist der Teufel.«

»Er ist der Teufel und völlig verrückt.«

»Nun laß dir deswegen keine grauen Harre wachsen. Leg deinen Kopf in meinen Schoß und schlaf ein bißchen. Ich werde mich um den Brunnen kümmern.«

Kaum war Jack eingeschlafen, da nahm Beulah Mae einen Schöpfeimer und begann zu singen:

> *Schöpfeimer, Schöpfeimer,*
> *schöpf einen Tropfen.*
> *Mit dem einen Tropfen,*
> *schöpfe jeden Tropfen.*

Kaum hatte sie das gesagt, da war der Brunnen ausgeschöpft und Staub wirbelte am Boden auf. Sie rief einen Vogel, schickte ihn hinab und bat ihn, herauszuholen, was immer dort liege.

Nach einer Weile weckte sie Jack und gab ihm einen Ring.

»Bring das meinem Vater. Meine Mutter hat den Ring gestern in den Brunnen geworfen.«

Jack ging ins Haus und gab dem Teufel den Ring.

»Sag deiner Frau, sie soll in Zukunft vorsichtiger sein«, meinte Jack.

Da wurde der Teufel böse. Nicht nur, daß Jack die beiden Aufgaben erfüllt hatte, nun machte er sich auch noch über die Familie lustig. Aber der Teufel ließ sich nicht anmerken, wie zornig er war. Er sprach:

»Jack, du bist fast so schlau wie ich. Ich suche schon lange nach einem guten zweiten Mann, den ich ausbilden kann. Ich habe noch eine Aufgabe für dich, und wenn du sie erledigst, dann mache ich dich zu meinem zweiten Mann, und du darfst meine Tochter heiraten.«

»Oh, das ist ja sehr nett von dir. Was soll ich nun tun?«

»Ich besitze eine Gans. Steig auf den höchsten Baum, reiß ihr alle Federn aus, bring mir die Gans und die Federn, wenn du fertig bist. Fehlt aber auch nur eine Feder, dann ist es um dich geschehen.«

»Das ist alles?«

»Vergiß nicht, wenn auch nur eine Feder fehlt, bist du ein toter Mann.«

»Nur keine Aufregung. Es wird keine Feder fehlen. Ich habe schließlich schon bewiesen, daß ich ganze Arbeit leiste.«

Jack fing die Gans, band sie an einem Busch fest und legte

49

sich wieder neben den Busch schlafen. Er war sicher, daß Beulah Mae ihn auch diesmal wieder retten werde. Die Tochter des Teufels kam, und er erzählte ihr, was es zu tun gab.

»Leg deinen Kopf in meinen Schoß und schlafe«, sagte sie. Und als er erwachte, gab sie ihm die Federn gebündelt, und er nahm Federn und Gans und ging zum Teufel.

»Nun will ich deine Tochter zur Frau«, sagte er.

Der Teufel war so wütend, daß er Jack am liebsten auf der Stelle umgebracht hätte. Statt dessen rief er Beulah Mae und sprach:

»Diesen Mann habe ich mir zu meinem Helfer erwählt, und du wirst ihn heiraten.«

»Ich freue mich, Daddy.«

Der Teufel bemerkte, wie sich die beiden anschauten, da wußte er, daß seine Tochter all die Arbeiten getan hatte. Seine eigene Tochter, Beulah Mae, hatte ihn betrogen.

»Du und Jack können in dem kleinen rosa Haus weiter unten an der Straße wohnen.«

»Dank dir, Teufel«, sagte Jack, »ich werde es dir gewiß nie vergessen, was du für mich getan hast.«

Jack und Beulah Mae bezogen ihr Haus, kochten sich ein gutes Essen, stiegen ins Bett und liebten sich. Und hui, sage ich euch, war das eine Liebe. Jack konnte nicht nur gut Karten spielen, Messer stechen und Pistolen schießen. Er konnte auch noch etwas anderes recht gut, was die Frauen mögen. Mitten in der Nacht weckte Beulah Mae Jack auf.

»Jack, Jack, steh auf. Mein Vater ist unterwegs hierher. Er will dich umbringen.«

»Das hat man davon, wenn man mit der Tochter des Teufels verheiratet ist«, murmelte Jack. Und dann horchte er und sagte: »Woher weißt du, daß dein Vater kommt? Ich höre gar nichts.«

»Ich bin des Teufels Tochter, nicht wahr? Ich besitze dieselbe Kraft wie er. Ich höre ihn kommen. Komm, rasch in die Scheune. Mein Vater besitzt zwei Pferde, die legen mit jedem Schritt 1000 Meilen zurück. Das eine Pferd heißt ›Geheiligt-werde-dein-Name‹ und das andere ›Dein-Reich-komme‹. Spann sie vor den Wagen und dann nichts wie fort.«

Als der Teufel ins Haus kam, waren Jack und Beulah Mae schon davon. Er rannte zur Scheune. Auch seine beiden schnellen Pferde waren fort. Er nahm seinen Ochsen, der ging mit einem Schritt 500 Meilen und setzte ihnen nach. Der Teufel kam die Straße entlang, und bei jedem Schritt, den der Ochse machte, brüllte der Teufel: »Geheiligt-werde-dein-Name! Dein-Reich-komme!« Und jedesmal gingen die Pferde, wenn sie den Teufel rufen hörten, in die Knie.

»Er wird uns einholen«, sagte Beulah Mae, »Jack, steig aus, mach neun Schritte rückwärts, wirf Sand über deine linke Schulter und dann paß auf.«

Jack tat, wie ihm geheißen, da machten die Pferde einen Satz von 1000 Meilen.

»Geheiligt-werde-dein Name! Dein-Reich-komme!« brüllte der Teufel. Die Pferde gingen wieder in die Knie. Der Teufel kam näher.

»Es ist zu spät«, sagte Beulah Mae, »er wird uns fangen.«

»Was läßt sich da tun?«

»Ich werde mich in einen See verwandeln und dich verzaubere ich in eine Ente, die auf dem See schwimmt«, sprach Beulah Mae.

Sie versuchte es, aber Jack war ein so zäher Bursche, daß es ihr nicht gelang.

»Herr im Himmel, was soll bloß werden, Beulah Mae, Liebling?«

»Nur keine Angst. Ich verwandle mich in einen See, die Pferde in Enten, und du bist ein Jäger.«

Sie griff in die Luft, holte ein Gewehr herab und reichte es ihm.

Kaum war die Verwandlung ausgeführt, da raste auch schon der Teufel auf seinem Ochsen heran. Mit fünfhundert Meilen bei jedem Sprung stürmte er weiter. Sobald er vorüber war, machte Beulah Mae die Verwandlung wieder rückgängig, und Jack und sie ritten um 1000 Meilen bei jedem Sprung in die entgegengesetzte Richtung.

Aber der Teufel ließ sich nicht täuschen. Bald war er wieder auf der Fährte der beiden. Er kam näher und näher.

Da sprang Beulah Mae vom Wagen, brach einen Dorn von einem Rosenstrauch ab, steckte ihn in den Boden und sprach:

> *Mit diesem einen Dorn*
> *pflanze ich viele.*
> *Wachst Dornen!*
> *Dreitausend Meilen hoch,*
> *Dreitausend Meilen weit,*
> *Dreitausend Meilen lang.*
> *Wachst Dornen!«*

Und kaum hatte sie dies gesagt, da stand da der größte Dornenbusch, den die Welt je gesehen hat.

Als der Teufel an die Wand aus Dornen kam, konnte er nichts tun. Er brauchte einige Zeit, bis ihm ein Zauberspruch einfiel, der die Dornen verschwinden ließ.

Unterdessen ritten Jack und Beulah Mae längst auf dem Rücken des Adlers über den Ozean.

Jack brachte Beulah Mae nach Harlem. Dort ließen sie sich nieder. Jack trat in das Geschäft seines Bruders ein. Jack und Beulah Mae gründeten eine Familie. Und wenn man heute eine Mutter zu ihrem Kind sagen hört: »Junge, du hast den Teufel in dir!«, dann kann man ziemlich sicher sein, daß man die Enkelkinder von Jack und Beulah Mae vor sich hat.

Das Teerbaby

Einmal spricht das Kaninchen: »Gee, ist das trocken hier. Kann gar kein Wasser mehr bekommen. Krieg etwas am Morgen, aber das ist nicht genug.« Also versucht es, die anderen Tiere zu bewegen, einen Brunnen zu graben. Der Fuchs geht umher und ruft die anderen Tiere zusammen. Er holt das Possum, den Waschbären, den Bären, und alle Tiere helfen mit beim Brunnenbau. Jetzt stellt sich das Kaninchen krank. Sie sagen: »Komm, Bruder Kaninchen, leg auch Hand an. Wir alle brauchen das Wasser.« Das Kaninchen spricht: »Ach zum Teufel, ich brauch kein Wasser. Ich kann doch Tau trinken.« Das Kaninchen hatte einfach keine Lust mehr zur Arbeit. Aber als der Brunnen fertig ist, kommt das Kaninchen sogleich und holt sich Wasser. Die anderen Tiere sehen seine Spuren, die zum Brunnen führen. Die Tiere kommen zusammen und beraten, wie man Bruder Kaninchen bestrafen könne.
Spricht der Bär: »Wißt ihr was, ich lege mich auf die Lauer. Ich fange Bruder Kaninchen.«
Das tut er, aber er ist zu unbeholfen. Bruder Kaninchen kann schneller rennen als er.
Spricht der Fuchs: »Wir müssen einen Plan machen, wie wir Bruder Kaninchen drankriegen.«
Also setzen sich die Tiere zusammen und überlegen einen Plan. Sie machen ein Teerbaby, eine Puppe, die mit Teer beschmiert ist, und setzen sie am Brunnen hin. Bruder Kaninchen kommt des Weges, um wieder Wasser zu schöpfen. Er sieht das Teerbaby dort sitzen und denkt, es sei Bruder Bär. Das Kaninchen sagt zu sich selbst: »Heute abend kann ich kein Wasser schöpfen. Bruder Bär liegt dort auf der Lauer.« Dann schaut das Kaninchen noch einmal hin und spricht: »Nein, das ist nicht Bruder Bär. Der da sitzt, ist viel kleiner als Bruder Bär.«
Darauf geht es auf die Gestalt zu und sagt:
»Wwww-eer ist da?« Das Teerbaby rührt sich nicht. Bruder Kaninchen bekommt es mit der Angst zu tun. Er schleicht sich näher und ruft: »Boo!« Das Teerbaby rührt sich nicht. Bruder Kaninchen rennt herum, bleibt dann still stehen, um

52

zu schauen, ob die Gestalt sich bewegen wird. Das Teerbaby rührt sich nicht. Bruder Kaninchen stößt mit der Pfote. Das Teerbaby rührt sich immer noch nicht. Bruder Kaninchen sagt: »Ist vielleicht doch nur ein Stück Holz.« Er will schauen, wie es damit steht und ruft: »Hallo, alter Mann, was machst du denn da?« Der Mann antwortet nicht. Bruder Kaninchen sagt: »Hörst du nicht, daß ich mit dir rede?« Der Mann antwortet nicht. Bruder Kaninchen sagt: »Wenn du mir jetzt nicht sofort Antwort gibst, schlage ich dir ins Gesicht.« Der Mann bleibt stumm. Das Kaninchen gibt ihm einen Knuff mit der einen Pfote und bleibt an dem Teerbaby kleben. Es ruft: »Laß mich sofort los, oder ich versetze dir einen Schlag mit der anderen Pfote.« Der Mann sagt nichts. Bruder Kaninchen schlägt zu und bleibt auch noch mit der anderen Vorderpfote am Teerbaby kleben. »Jetzt habe ich aber genug«, ruft das Kaninchen, »entweder du läßt mich auf der Stelle los oder ich trete dich mit meinen Hinterläufen.« Das Teerbaby sagt keinen Ton. Bruder Kaninchen versetzt ihm mit den Hinterläufen einen Tritt, und nun klebt es ganz fest.

Die anderen Tiere haben im Gras versteckt gesessen und alles mit angesehen. Nun kommen sie hervor und rufen: »Haben wir dich doch einmal drangekriegt! Haben wir dich doch einmal drangekriegt!«

Bruder Kaninchen jammert: »Ach, ich bin ja so krank!«

Aber darum kümmern sich die anderen Tiere nicht. Sie beraten, was mit Bruder Kaninchen nun geschehen soll. Eines der Tiere sagt: »Werfen wir ihn ins Feuer.« Aber ein anderes widerspricht: »Feuer wäre eine viel zu geringe Strafe. So leicht soll er uns nicht davonkommen.«

Jemand schlägt vor: »Hängen wir ihn doch auf.« Aber die anderen antworten: »Dazu ist Bruder Kaninchen zu leicht. Er würde sich nicht das Genick brechen.«

Endlich einigen sie sich doch darauf, ihn zu verbrennen. Sie treten alle vor Bruder Kaninchen hin und sagen: »Heute wirst du sterben. Wir verbrennen dich einfach.«

Bruder Kaninchen spricht: »Fein, ihr könntet mir keinen größeren Gefallen erweisen.« Das macht sie ganz irre.

Der Fuchs sagt: »Vielleicht sollten wir Bruder Kaninchen doch besser in den Dornenbusch schmeißen!«

Bruder Kaninchen jammert: »Dornenbusch? Alles könnt ihr mir antun, aber bitte, bitte werft mich nicht in den Dornenbusch. Vierteilt mich, reißt mir die Augen aus dem Kopf, aber bitte, bitte, werft mich nicht in den schrecklichen Dornenbusch.«

»Ha«, rufen die anderen Tiere, »das ist gut. In den Dornenbusch wird er geworfen. In den Dornenbusch mit ihm.«

Sie packen ihn an allen vieren und schwupp, da liegt er im Dornenbusch.

Im Dornenbusch rappelte sich Bruder Kaninchen hoch und ruft: »Wuppie, mein Gott, ihr hättet mich an keinen besseren Platz werfen können. Hier unten kenn' ich mich aus. Wißt ihr nicht, daß mich meine Mama in einem Dornenbusch zur Welt gebracht hat?«

Bruder Kaninchen lehrt den Bären ein Lied

Bruder Kaninchen hatte Mrs. Reyfords Schweine getötet, aber Mrs. Reyford wußte nicht, daß es Bruder Kaninchen gewesen war. So sprach sie zu ihm: »Wenn du mir sagst, wer meine Schweine umgebracht hat, gebe ich dir meine Tochter zur Frau.« Bruder Kaninchen antwortete ihr, das wolle er schon herausfinden. Er ging zu Mr. Bär und erzählte: »Es gibt da einige Damen, die wollen ein Fest feiern. Du hast eine so schöne Stimme. Du mußt auf dem Fest ein Baß-Solo singen.« Der Bär fühlte sich sehr geschmeichelt. »Gern«, sagte er. Darauf sprach Bruder Kaninchen: »Ich werde dir zuvor noch Gesangsunterricht erteilen. Hör mir gut zu und tu alles, was sie dir sagte.« »Mach ich«, brummte der Bär. Sprach das Kaninchen: »Ich singe dir jetzt ein Lied vor. Paß gut auf. Wenn ich an die Stelle komme, an der es heißt:

Wer hat Mr. Reyfords Schwein geschlachtet,
Wer hat Mr. Reyfords Schwein geschlachtet?

dann singst du im Hintergrund:

Wer anders als ich.«

Also begann Bruder Kaninchen zu singen:

»Wer hat Mr. Reyfords Schwein geschlachtet,
Wer hat Mr. Reyfords Schwein geschlachtet?«

Und der Bär sang im Baß dazu:

»Wer anders als ich.«

Bruder Kaninchen sagte:
»Sehr gut, Bruder Bär. Das klingt wirklich ausgezeichnet. Du hast eine zu schöne Stimme.«

Als das der alte Bär hörte, war er mächtig stolz. Er konnte es gar nicht erwarten, auf dem Fest seine Künste vorzuführen.

Der Tag kam heran. Bruder Kaninchen und der Bär spazierten zum Haus von Mrs. Reyford. Das Kaninchen sang:

»Wer hat Mr. Reyfords Schwein geschlachtet,
Wer hat Mr. Reyfords Schwein geschlachtet?«

Und der Bär brummte in der zweiten Stimme:
>*Wer anders als ich.*<
Da schoß Mr. Reyford auf den Bären. Verwundet rettete er sich in den Wald. Bruder Kaninchen aber sprach zu Mrs. Reyford:
>Hab ich's euch nicht gleich gesagt? Mr. Bär hat eure Schweine auf dem Gewissen.<
Aus dem Wald schimpfte der Bär:
>Warte nur, Bruder Kaninchen. Eines Tages zahle ich es dir heim.<
Der alte Bruder Kaninchen aber lachte nur.
Später fing der Bär das Kaninchen und rief:
>Jetzt wirst du sterben.<
Bruder Kaninchen jammerte: >Bitte, laß mich am Leben. Bitte, bring mich nicht um.<
>Gut<, antwortete der Bär, >aber dafür mußt du mir auch Honig beschaffen.<
Das Kaninchen führte den Bären in den Wald vor einen Baum. >Hier ist Honig<, sprach es.
Der Bär suchte im Baum, da fiel ein ganzer Bienenschwarm über ihn her und die Bienen zerstachen ihn am ganzen Leib. Vor Schmerz brüllte er laut auf. Bruder Kaninchen aber rannte davon und rief dem Bären zu: >Nichts als Stacheln, nichts als Stacheln!<

Bruder Fuchs und Bruder Kaninchen am Brunnen

Die Füchse sind die Feinde der Kaninchen. Das war immer so. So ist es auch nicht verwunderlich, daß Bruder Fuchs immer Bruder Kaninchen nachstellte und ihn auffressen wollte.
In der Gegend, in der die beiden wohnten, gab es einen Brunnen, der lag im Tal zwischen zwei Hügeln. Und über dem Brunnenschacht hingen an einem Seil zwei Wassereimer. Ließ man den einen hinunter in die Tiefe, so kam der andere herauf. Eines Tages sprang Bruder Kaninchen in einen Eimer und sauste hinab zum Wasser. Der Mondschein fiel genau in den Brunnenschacht und spiegelte sich auf der Wasserfläche unten, und es sah aus wie eine große Scheibe Käse.
Wie nun Bruder Kaninchen dort unten saß, wurde es ihm langweilig, und vor allem wußte er nicht, wie er wieder heraufkommen sollte. Also schrie er so laut er konnte. Das hörte Bruder Fuchs und kam schnell herbeigeschlichen. Der Fuchs beugte sich über den Brunnenrand und fragte:

»Warum rufst du, Bruder Kaninchen?«

»Siehst du die große Scheibe Käse nicht, die hier unten liegt?« antwortete Bruder Kaninchen, »mm, ich kann dir sagen, dieser Käse schmeckt gut.«

Bruder Fuchs fragte: »Wie bist du nur dort hinuntergekommen?«

»Das war ganz einfach«, erklärte ihm Bruder Kaninchen, »du brauchst nur in den Eimer zu springen, der oben hängt.«

»Ha!« sagte der Fuchs, »jetzt hast du mir's verraten. Jetzt komme ich hinunter, fresse erst dich und danach diesen guten Käse.«

Und schon war er mit einem Satz in den Eimer gesprungen. Hinab fuhr der Fuchs, und herauf kam Bruder Kaninchen. In der Mitte des Weges fuhren sie aneinander vorbei.

»He, Bruder Fuchs«, rief Bruder Kaninchen, »ich habe dich hereingelegt. Aber mach dir nichts draus. So ist das nun einmal auf dieser Welt: die einen kommen, die anderen gehen. Und guten Appetit!«

Meine Schwester hat die beiden am Brunnen beobachtet, und sie hat dort ein Stück Seife vergessen. Als ich vorbeikam, bin ich draufgetreten und bis vor unsere Haustür gerutscht.

Schwester Gans und Bruder Fuchs

Schwester Gans schwamm einst auf einem See, und der alte Bruder Fuchs verbarg sich hinter den Weidensträuchern. Langsam schwamm Schwester Gans gegen das Ufer hin. Als sie nahe genug herangekommen war, sprang Bruder Fuchs aus seinem Versteck hervor, um sie zu fangen.

»So, Schwester Gans«, sprach er, »jetzt habe ich dich endlich. Du bist auf meinem See geschwommen, und das nicht zum ersten Mal. Heute habe ich dich nun gefaßt. Ich werde dir jetzt das Genick umdrehen und dich auffressen.«

»Immer langsam, Bruder Fuchs«, antwortete die Gans, »ich habe doch wohl das gleiche Recht auf diesem See zu schwimmen wie du! Falls du das bezweifelst, wollen wir vor Gericht gehen und dort soll geklärt werden, ob du ein Recht dazu hast, mir das Genick umzudrehen und mich aufzufressen.«

Und so gingen sie vor Gericht. Aber als sie dort hinkamen, was mußte die Gans da erleben! Der Sheriff war ein Fuchs, der Richter war ein Fuchs, die Staatsanwälte waren Füchse und die Geschworenen waren auch Füchse. Sie verhörten die Gans, verurteilten sie, ließen sie hinrichten und nagten gemeinsam die Gänseknochen ab. Nun Kinder, hört mir gut zu, wenn alle Leute, die man auf den Gerichten antrifft, Füchse sind, und unsereiner ist nur eine ganz gewöhnliche Gans, dann braucht ihr keine Gerechtigkeit für einen armen Schwarzen zu erwarten.

Bruder Kaninchen und die Wassermelonen

Bruder Kaninchen und Bruder Waschbär taten sich einst zusammen. Sie wollten ihr Feld zusammen bestellen und sich auch in jeder Gefahr beistehen. Eines Tages arbeiten sie nun auf dem Wassermelonenfeld, da sehen sie den Oberst Tiger, der um den Zaun schleicht und so hungrig ausschaut, daß es ihm zuzutrauen ist, daß er sie beide auffressen wird. Bruder Waschbär schleicht sich nach hinten und klettert auf einen Baum. Mag doch Bruder Kaninchen schauen, wie er mit der Gefahr allein fertig wird. Bruder Kaninchen kann nicht auf Bäume klettern. Er hat schreckliche Angst, aber er greift sich seinen Spaten, gräbt zwei Löcher und legt die beiden größten Wassermelonen hinein. Dann schaufelt er Erde darauf und klopft die Oberfläche mit dem Spaten glatt. Er ist gerade damit fertig, als Oberst Tiger ans Tor kommt. Rasch gräbt das Kaninchen noch eine Grube, und das war die tiefste von allen.
Oberst Tiger steht da, in einem gestreiften Anzug und blickt mächtig neugierig drein. Er denkt sich: Das sind doch zwei Gräber, und wenn Bruder Kaninchen eben noch ein drittes gemacht hat, dann weiß ich schon, für wen das bestimmt ist.
Also holt er tief Luft und sagt dann:
»Bruder Kaninchen, was treibst du da eigentlich?«
Bruder Kaninchen hat mächtig Angst, aber er läßt sich's nicht anmerken und antwortet ganz frech und verrückt:
»Hier liegen die Leute begraben, die ich umgebracht habe.«
Und dabei schlägt er mit dem Spatenblatt auf den Boden.
»Das ist das Grab von Bruder Löwe, dies ist das Grab von Bruder Bär. Und gerade als du kamst, habe ich einen Waschbären auf den Baum gejagt. Ich konnte ihn noch nicht fangen. Aber der muß auch noch ins Gras beißen. Wer bist du eigentlich, daß du mir hier solche Fragen stellst? Ich hab keine Zeit, mich jetzt nach dir umzuschauen, aber warte nur, bis ich

hier fertig bin, dann komme ich heraus und dreh dir den Hals um. Ich brauch gerade noch drei Leichen, um diese Reihe hier fertig zu bekommen.«

Jetzt kriegt Oberst Tiger es mit der Angst zu tun. Er macht kehrt und nimmt Reißaus vor diesem gefährlichen Menschen.

Nachdem er fort ist, kommt Bruder Waschbär vom Baum herab. Er ist voller Bewunderung für Bruder Kaninchen, aber Bruder Kaninchen spricht: »Mit dir rede ich nicht mehr. Du bist kein wahrer Freund. Du hast dich nicht an unsere Abmachung gehalten. Ich teile jetzt die Ernte, und dann trennen wir uns.«

Sagt Bruder Waschbär: »Wie willst du denn teilen?« Und Bruder Kaninchen antwortet: »Du bist der Größere von uns beiden, Bruder Waschbär. Nimm, soviel wie du forttragen kannst. Ich nehme dann, was übrig bleibt.«

Bruder Waschbär kann nur eine kleine Wassermelone tragen, und die ist auch schon angefault. Aber ihm ist das recht, denn Bruder Kaninchen hat so groß daher geredet. Bruder Waschbär hat es auch mit der Angst zu tun bekommen. Er war schon froh, daß er überhaupt noch mit dem Leben davonkam.

Bruder Kaninchens Sohn und der Teufel

Bruder Kaninchen hatte Ärger mit seiner schlampigen und ungetreuen Frau. Bruder Kaninchen ging zu einem Gemeindetreffen am Abend, um sich bei Gott zu erholen, und als er nach Hause kam, Gott steh ihm bei, stellte er fest, daß seine Frau ihn verlassen hatte. Sie hatte mit ihm im selben Bett geschlafen, sie war die Mutter seiner Kinder, und nun hatte sie ihn verlassen!

Also sagte sich Bruder Kaninchen: Zum Teufel mit ihr, wo sie doch so eine Schlampe und so ein Miststück war — mag sie bleiben, wohin sie sich verdrückt hat, verdammt, mag sie schauen, wie sie allein zurechtkommt.

Alle Frauen machen Ärger, sagte sich Bruder Kaninchen. Aber er war entschlossen, sein jüngster Sohn sollte einmal nicht all das durchmachen, was er hatte durchmachen müssen. Er nahm sich vor, sein Sohn solle überhaupt nicht erfahren, daß es so etwas wie Frauen gab. Darauf baute Bruder Kaninchen eine hohe Backsteinmauer, und hinter der hielt er seinen Sohn, bis dieser einundzwanzig Jahre geworden war. Am einundzwanzigsten Geburtstag seines Sohnes aber holte

Bruder Kaninchen einen Ford aus der Garage und wollte mit seinem Sohn mal rüber nach Pickens fahren, um ihm die Stadt zu zeigen. Er zeigte dem Jungen das Gerichtsgebäude und den Platz, wo die Beamten des Counties im Schatten der Bäume saßen und sich Kühlung zufächelten. Er zeigte ihm den Drugstore und das Geschäft, in dem alles und jedes nur 10 Cent kostet. Er zeigte ihm die Tankstelle und das Gefängnis. Alles war schön, und dem Jungen gefiel es. Und dann sah der Junge etwas, das trug Seidenstrümpfe, ein rotes Kleid und einen Sonnenschirm.

»Papa«, fragte der Junge, »um Gottes willen, was ist denn das?«

»Das dort«, erklärte Bruder Kaninchen, »das ist der Teufel. Vom Teufel hält man sich am besten fern. Mit dem Teufel hat man immer nur Ärger.«

Darauf faßte Bruder Kaninchen seinen Sohn beim Arm und schob ihn ins Auto und fuhr ab nach Haus, Richtung Backsteinmauer. Nach einer Weile, als sie schon hinter Golden Creek waren, sagte Bruder Kaninchen zu seinem Sohn:

»Na, mein Junge. Jetzt bist du mal in der Stadt gewesen. Hast alles zu sehen bekommen, was es da zu sehen gibt. Was hat dir nun am besten gefallen?«

»Papa«, sagte der Junge, »ich mag einfach diesen Teufel.«

Bruder Waschbär geht auf die Hausparty bei Miss Fox

Vor langer Zeit, als noch gute Zeiten waren, gab Miss Fox eine Hausparty.

Sie hatte sich vorgenommen, nicht Krethi und Plethi einzuladen, sondern nur vornehme Leute. Und als Bruder Fuchs den Namen von Bruder Waschbär fallenließ, wurde Miss Fox ganz wild. Sie gab's dem armen Bruder Fuchs und sagte: »Kein armes weißes Gesindel auf meiner schönen Hausparty.«

Bruder Fuchs verteidigte Bruder Waschbär und sagte, der sei kein armes weißes Gesindel, aber Miss Fuchs meinte, jedenfalls wisse man bei ihm nicht, zu wem er gehöre, nein, Bruder Waschbär komme ihr nicht ins Haus.

Nun, Bruder Waschbär war natürlich ziemlich traurig, als er von den anderen Viechern von dieser Hausparty hörte, zu der er nicht eingeladen worden war. Immerhin hatte Bruder Waschbär 'ne Menge Geld. Und dann zu so 'ner Party nicht eingeladen zu werden. Das war schon bitter.

Er besprach die Sache mit Bruder Kaninchen und erkundigte

sich, was denn eigentlich Miss Fuchs gegen ihn habe. »Weißt du«, sagte Bruder Kaninchen, »du trägst eben den Kopf nicht hoch genug und außerdem hast du immer Konfektionsanzüge an. Deswegen will sie dich nicht dabei haben.« Bruder Kaninchen riet dem Waschbären, sich richtige Qualitätskleider und 'nen schicken Hut zu bestellen und dann einfach auf die Party zu gehen. Dann würde ihn Miss Fuchs gewiß nicht erkennen und ihn für 'nen schnieken Gentleman aus der großen Welt halten.

Na, Bruder Waschbär hatte ja Geld. Er fuhr also in die Stadt, kaufte sich die teuersten Kleider, ließ sich den Bart abnehmen und 'nen neuen Haarschnitt verpassen, und so geschniegelt und gebügelt spaziert er auf Miss Fuchs Hausparty.

Ihr könnt sicher sein, daß Bruder Waschbär in höchst schmeichelhafter Weise Aufmerksamkeit zuteil wurde. Und es gab da mehr als einen, der sich erkundigte: »Wer ist denn dieser Herr aus der Stadt? Wer ist denn dieser reizende Mensch?«

Bruder Kaninchen nahm es auf sich, Bruder Waschbär vorzustellen, rechts und links.

Immer sagte er: »Mein Freund, Mr. Potsum aus Augusta.« Und der Waschbär murmelte nur: »Potsum.«

Na, sie waren also alle von dem reizenden Mann angetan, und keiner schöpfte Verdacht. Es wurde ein sehr vergnügter Abend für unseren Bruder Waschbär.

Als es nun Zeit wurde, sich zurückzuziehen, und alle Herren sich eine Kerze geben ließen, um auf ihre Zimmer zu gehen, sah sich Bruder Waschbär oben einem frischbezogenen Bett gegenüber. Da wurde ihm ganz mulmig zumute, denn er hatte noch nie in seinem Leben in einem Bett geschlafen.

Der Arme lief im Zimmer auf und ab und wußte nicht, was er tun sollte, denn die Gastgeber und die Gäste schliefen schon alle. Da legte er seine schnieken Kleider ab, öffnete leise die Tür und kletterte auf einen Baum, der in der Nähe des Vordaches stand. Und dort oben auf dem Baum fühlte er sich recht behaglich und schlief ein.

Als Miss Fuchs am nächsten Morgen aufsteht und die Haustür öffnet, sieht sie Bruder Waschbär dort oben an einem Ast hängen. Sie traut ihren Augen kaum, aber Miss Fuchs weiß wohl noch, was ein schöner, fetter Waschbär ist und was nicht. Also holt sie ihn herab, schlägt ihn tot, läßt ihn in der Pfanne gut durchbraten und serviert ihn den übrigen Gästen zum Frühstück. Die machen Miss Fuchs Komplimente zu diesem Waschbärenfrühstück, aber als sie den vornehmen Herrn aus der Stadt wecken wollen, finden sie nur noch seine Kleider. Sie vermuten nicht, was mit ihm geschehen ist. Erst viel später hat es Bruder Kaninchen ihnen erzählt.

Die Landschildkröte fährt in die Wolken

Haben sie euch schon einmal von Mr. Grumble, der Landschildkröte, erzählt? Nun, eines Tages war Bruder Landschildkröte sehr schlecht dran. Er verzog den Mund, schimpfte und grantelte, weil er immer auf dem Boden entlangkrie-
chen mußte. Als er nun Bruder Kaninchen traf, schimpfte er,
weil der doch schnell rennen kann, und als er Bruder Bussard
traf, schimpfte er noch mehr, weil der doch hoch hinauf in
die Wolken fliegen kann, und so ging's fort mit dem Ge-
schimpfe in einer Tour. Nun, die Leute ertrugen es, bis sie
es nicht mehr ertragen konnten. Da kamen sie zusammen und
beschlossen, man solle Bruder Landschildkröte hinauf in die
Wolken fliegen lassen und ihn dann einfach herabwerfen.
Eines Tages, als Bruder Landschildkröte wieder einmal
gegenüber Miss Krähe am Granteln war, weil er nicht bis in
die Wolken fliegen konnte, sagte sie zu ihm: »Gut, Bruder
Landschildkröte, steig auf meinen Rücken. Ich trage dich hinauf in die Wolken.«
Bruder Landschildkröte war mächtig aufgeregt, aber er tat,
wie ihm geheißen, und die Krähe flog mit ihm ab. Sie flogen und flogen, und Bruder Landschildkröte schaute auf
seine Freunde herunter und kam sich mächtig stolz vor. Aber
dann wurde Miss Krähe müde, also sprach sie:
»Höher hinauf kann ich nicht fliegen. Aber da kommt gerade
Bruder Bussard. Er fliegt höher als ich. Er kann dich auf
seinen Rücken nehmen, und dann kommst du noch höher
hinauf.«
Bruder Landschildkröte stieg also auf den Rücken von Bruder Bussard, und sie flogen höher und höher, bis Bruder
Landschildkröte überhaupt nicht mehr sehen konnte, wie seine Freunde den Hut zogen. »Das ist der schönste Tag in
meinem Leben«, dachte Bruder Landschildkröte, und er begann zu pfeifen: »So ein Tag, so wunderschön wie heute . . .!«
Sie flogen über Wälder. Sie flogen über Seen. Sie flogen und
flogen.
Aber dann wurde es Bruder Bussard leid, Bruder Landschildkröte immer auf dem Rücken tragen zu müssen und er
sagte:
»Noch höher hinauf kann ich jetzt nicht fliegen, dort kommt
gerade Miss Falke. Sie kann noch höher steigen als ich.«
Und Miss Falke meinte, es sei ihr ein Vergnügen, Bruder
Landschildkröte auf einen Flug mitzunehmen.
Also stieg er auf ihren Rücken um, und sie flogen noch höher
hinauf. Bruder Landschildkröte machte das Spaß. Er sprach
zu sich:

»Jetzt sind wir gleich in den Wolken.«

Aber gerade da kam König Adler vorbei und der sagte: »Oho, Bruder Landschildkröte, das nennst du fliegen. Oho, Schwester Falke, wenn Bruder Landschildkröte einmal fliegen will, warum trägst du ihn dann nicht so hoch hinauf, daß er wirklich einen schönen Ausblick hat.« Doch Miss Falke erklärte dem Adler, sie könne nun nicht mehr höher fliegen.

Da sagte König Adler: »Na, steig schon auf meinen Rücken. Ich werd schon dafür sorgen, daß du was erlebst.«

Bruder Landschildkröte tat, wie ihm geheißen, aber bald waren sie so hoch oben, daß er Angst bekam. Der Adler lachte nur und stieg höher und höher, bis Bruder Landschildkröte sich schwor, die Wolken könnten ihm gestohlen bleiben und rief:

»Oh, bitte, König Adler, bring mich doch wieder nach unten!«

Er legte heilige Eide ab, nie mehr zu klagen, wenn er nur wieder auf seine eigenen Füße kommen würde, aber König Adler tat so, als fliege er immer noch höher hinauf, und der arme Bruder Landschildkröte hatte schon solche Angst, daß er fast vergaß, sich festzuhalten und sich einbildete, im nächsten Augenblick werde er gewiß herunterfallen. Aber dann erinnerte er sich daran, daß er eine Rolle Garn in der Tasche bei sich trug. Er befestigte also den Faden an König Adlers Bein, ließ die Rolle fallen, hielt sich am Faden fest und rutschte dann hinunter zur Erde. Seitdem hat man von Bruder Landschildkröte nie mehr Klagen darüber gehört, daß er nicht rennen und nicht fliegen kann, denn an dem Tag hat er vom Fliegen entschieden genug bekommen.

Die Geschichten von John und dem Alten Herrn

Große Füße

In den Zeiten der Sklaverei kamen die Alten Herren zusammen und prahlten voreinander damit, wessen Sklave die größten Füße habe. Einer der Sklavenhalter sagte: »Mein Sklave hat größere Füße als deiner.«

Und ein anderer sprach: »Nein, mein Sklave hat viel längere Füße als deiner.«

Darauf wieder der erste: »Nenn mir Beweise, daß die Füße deines Sklaven größer sind als die meines Sklaven.« Und dies war sein Beweis. Er sagte: »Wenn ich für meine Sklaven

Schuhe kaufe, kommen sie in getrennten Kartons an, und sie schicken auch gleich ein Paar Ruder mit.« Der zweite Sklavenhalter entgegnete:
»Du kennst doch bei mir das Feld, das fünfhundert acres groß ist? Und du kennst auch die Feldmäuse, die auf diesem Acker herumlaufen? Nun, mein John pflügte an dem einen Ende dieses Feldes und ich rief ihm zu: ›Achtung, da rennt eine Feldmaus!‹ John hob seinen Fuß. Und ich fragte: ›Na, John, hast du sie erwischt?‹ Und er antwortete: ›Ich erwische sie immer, wenn sie irgendwo auf dem Feld herumsaust.‹«

Ein Schwein und ein Schaf

Der Alte Herr hatte einige Schafe, und ein Bursche mit Namen John lebte in der Gegend. Er war Pächter da. Als er Hunger hatte, stahl er Fleisch von dem Alten Herrn. Dann mochte er kein Hammelfleisch mehr und stahl ein Schwein. Kommt der Alte Herr in der Nacht das Schwein suchen. Er klopft an die Tür, als John gerade dabei ist, das Schwein zu verstecken. Der Alte Herr kommt herein und sagt zu John: »Spiel mir was auf dem Banjo vor.« John fängt an zu spielen, da sieht er, daß ein Schweinefuß herausschaut, und er singt, um seine Frau zu verständigen:
»Schieb den Schweinefuß weiter unter das Bett.«
Als John kein Schweinefleisch mehr mag, holt er sich wieder einen Hammel. Er schlug das Tier tot, ging zum Alten Herrn und sagte: »Schon wieder ein Hammel krepiert. Kann ich ihn haben?« Der Alte Herr gibt ihm das Tier, und er nahm es mit heim und aß es auf. Kurz darauf tötete John abermals einen Hammel. Wieder ging er zum Alten Herrn und erzählte ihm, daß ein Schaf gestorben sei. Sprach der Alte Herr: »Du hast diesen Hammel getötet. Wie kannst du meine Schafe töten?«
Antwortete John: »Alter Herr, ich sag dir. . . ich laß mich doch nicht von deinen Schafen beißen.«

Der Mojo

In den Zeiten der Sklaverei kam John auf eine Farm, wo der Alte Herr all seine Schwarzen ständig prügelte. Jemand riet John: »Besorg dir einen Mojo, dann bekommst du keine Prügel mehr.«
John ging in jenen Winkel der Farm, in dem der Mojo-Mann wohnte, und fragte ihn, was es mit dem Mojo auf sich habe. »Ich hätte für dich einen ziemlich guten Mojo, einen

63

sehr guten Mojo und einen verdammt guten Mojo«, sagte
der Mann, der mit Zauber handelte. Fragte der Schwarze ihn:
»Was kann denn der ziemlich gute Mojo alles?« »Nun, er
kann dich in ein Kaninchen verwandeln, er kann dich in eine
Wachtel verwandeln, und darauf kann er dich in eine Schlan-
ge verwandeln.«
»Gut«, sagte John, »ich nehme ihn.«
Am nächsten Morgen schläft John lange. Gegen neun Uhr
kommt der weiße Mann zu ihm und ruft:
»Los, John, aufstehen und arbeiten. Der Kartoffelacker muß
gepflügt werden, die Kuh muß gemolken werden. Danach
kannst du heimgehen — es ist Sonntagmorgen.«
Spricht John zu ihm: »Mach, daß du raus kommst. Du hast
mir gar nichts zu befehlen. Ich arbeite nichts.«
Spricht der Boß: »Weißt du nicht, wer ich bin? Es ist dein
Boß, der hier zu dir spricht.«
»Weiß ich, aber ich arbeite nicht mehr.«
»Wie du willst, John. Aber warte nur, bis ich wieder zurück-
komme, dann werde ich dich auspeitschen.«
Der weiße Mann lief in sein Haus und holte seine Peitsche.
Er sagte zu seiner Frau:
»John ist aufsässig. Er läßt sich nichts mehr von mir befeh-
len. Ich prügle ihn mal durch.«
Der Alte Herr kommt wieder zu Johns Hütte und ruft:
»John, aufstehen jetzt.«
Brüllt John heraus: »Mach, daß du fortkommst. Du fällst
mir auf die Nerven. Ich hab dir schon einmal gesagt: ich
arbeite nicht mehr.«
Nun, der weiße Mann wirft sich gegen die Tür und bricht
sie auf. Und John sagt zu seinem Mojo: »Skip-skip-skip.«
Da wurde er in ein Kaninchen verwandelt und lief am Alten
Herrn vorbei zur Tür hinaus.
Spricht der Alte Herr zu dem Mojo: »Verwandle mich in
einen Windhund.«
Ihr wißt ja, ein Windhund ist so rasch auf den Beinen, daß
er jedes Kaninchen einholt.
Da denkt John: »Ich muß ihm entkommen.« Er verwandelt
sich in eine Wachtel. Ganz leicht und schnell schwebt er
durch die Luft. Jedenfalls meinte er zu schweben. Aber der
Boß spricht: »Ich will ein Hühnerhabicht werden.«
Drauf segelt der Hühnerhabicht am Himmel dahin wie eine
Kugel und holt die Wachtel ein.
Da spricht John: »So, jetzt verwandele ich mich in eine
Schlange.«
Er fällt auf die Erde und fängt an zu kriechen. Spricht der
Alte Herr: »Warte nur, jetzt verwandele ich mich in einen
Prügel und dann vertrimm ich dir doch den Hintern.«

Schwarze Träume — Weiße Träume

Jim Turner war ein ungewöhnlich gutmütiger weißer Herr. Er hatte die Angewohnheit, jeden Morgen mit John, der sein Hausklave war, über seine Träume zu reden. Erst erzählte Jim Turner seine Träume, dann mußte John ihm die seinen erzählen. Es schien, als habe der weiße Herr immer die besten Traumgeschichten. Immer waren seine Träume schönner, interessanter und aufregender als die von John.

Das ärgerte John, und er dachte darüber nach, wie er wenigstens ein einziges Mal seinen Herrn beim Träume-Erzählen übertrumpfen könne.

Eines Morgens kam John in das Zimmer seines Herrn, um dort aufzuräumen. Der Herr war gerade dabei, aufzustehen und sich anzukleiden.

»John«, sagte er lächelnd, »heute habe ich aber einen seltsamen Traum gehabt.«

»Was Ihr nicht sagt, Herr«, meinte John, »laßt hören!«

»Nun gut«, sagte der weiße Herr, »es war so: Mir träumte, ich sei in den Himmel der Schwarzen gekommen. Da sah ich einen Haufen Unrat, schmutzige Straßen, ein paar alte verrottete, halb umgestürzte Zäune und verwahrloste Häuser, und in den Straßen gingen schmutzige Neger in zerlumpten Kleidern spazieren.«

»Wirklich seltsam«, sagte John, »aber auch ich habe heute nacht geträumt. Auch mir kam mein Traum höchst eigenartig vor. Es träumte mir, ich käme ins Paradies des weißen Mannes. Die Straßen waren überaus prächtig, die Häuser waren mit Gold und Silber bedeckt. In den Rinnsteinen flossen Milch und Honig, und ab und zu kam ich durch große Tore, die waren mit herrlichen Diamanten und Perlen geschmückt...«

»Was ist daran so seltsam?« fragte der weiße Herr.

»Laß mich zu Ende erzählen«, sagte John. »Das Seltsame war... Nun, ich wage kaum es auszusprechen!«

»Nur heraus mit der Sprache«, drängte der weiße Herr.

»Ja, wenn Ihr es unbedingt wissen wollt«, meinte John, »das Seltsame war... ich habe keinen einzigen Weißen dort gesehen!«

Das Buchstabieren

Vielleicht habt ihr auch schon mal einen Weißen sagen gehört, daß Menschen mit weißer Haut viel klüger sind als solche, die mit schwarzer Haut auf die Welt kamen. Wenn meine Großmutter jemandem erklären wollte, daß es nun wirklich und wahrhaftig nicht immer so sein muß, erzählte sie folgende Geschichte:

Zur Zeit der Sklaverei waren da einmal ein schwarzer Mann und sein Weißer Herr. John war klug, aber natürlich hielt sich sein Alter Weißer Herr für noch zehnmal klüger. Trotzdem machte es ihm Spaß, anderen weißen Männern vorzuführen, was für einen gelehrigen Sklaven er besitze.

Eines Abends waren wieder einmal mehrere weiße Plantagenbesitzer zusammengekommen. Da rief der Große Weiße Herr John ins Zimmer und sagte zu ihm:

»John, wir werden dir jetzt Worte nennen. Du buchstabierst sie, und wir sehen dann, ob du einen Fehler gemacht hast oder nicht.«

John setzte sich, und der Große Weiße Herr sagte ihm viele Worte, die aber alle sehr leicht zu buchstabieren waren. John machte nie einen Fehler, aber bald war er es leid, die anderen zu unterhalten.

Also sprach er:

»Herr, laß mich euch ein paar Worte nennen. Dann wollen wir sehen, ob ihr einen Fehler macht.«

»Gut«, sagte der Große Weiße Herr, »aber such dir nur ruhig schwerere Worte aus, denn, nicht wahr, du bist schwarz und ich bin weiß, und wie klug ein schwarzer Mann auch wird, die Weißen sind immer noch etwas klüger.« John sah den Großen Weißen Herrn an, dachte einen Augenblick nach, und dann sagte er:

»Steh bitte auf, Großer Weißer Herr, und dann buchstabiere Tschschschschitscht.«

»Hältst du mich für verrückt?« rief der Große Weiße Herr wütend und fuhr von seinem Stuhl hoch.

»Ja, Herr«, sagte John. »Und jetzt könnt Ihr Euch ruhig wieder setzen.«

Organisiert

Eines Tages fuhr John, der große schwarze Kutscher von Kaufmans Plantage, seinen weißen Herrn eine lange Straße entlang, die zum Nachbarn hinüberführte. Da setzte sich eine Pferdefliege auf die Mähne eines der Tiere. »Massa«, sagte John, »seht Ihr die Pferdefliege dort auf der Mähne? Paßt mal auf, wie ich die drankriege.« John war berühmt dafür, weit und breit den besten Peitschenschlag zu haben, und seinem Herrn machte es immer Spaß, ihm bei seinen Kunststückchen zuzuschauen. John holte also aus, ließ die Peitschenschnur sausen und zerhieb die Pferdefliege in zwei Teile.

Ein Stück weiter entdeckte John eine Hummel, die auf einer Sonnenblume saß. »Massa«, rief er, »seht Ihr dort die Hummel auf dieser Sonnenblume sitzen? Paßt mal auf, wie ich die drankriege.« Er hob die Peitsche, und die Hummel wurde von der Peitschenschnur zerfetzt.

Wieder ein Stück weiter entdeckte der Alte Herr an einem Ast ein Hornissennest.

»Schau mal, John«, rief er, »siehst du dort an dem Ast das Hornissennest? Du kannst doch mit deiner Peitsche so gut umgehen. Wie wäre es, wenn du einmal versuchen würdest, es herunterzuschlagen.«

»Nein, das mach ich nicht, Massa«, antwortete John, »mit Hornissen laß ich mich nicht ein. Die sind organisiert.«

Der schwarze John und der Alte Herr wollen in den Himmel

Der schwarze John wollte in den Himmel. Als er nun zum großen Tor kam und dort anklopfte, fragte Petrus: »Wer ist da?«

John antwortete:

»Ich bin's!«

Petrus fragte weiter:

»Kommst du zu Fuß oder kommst du geritten?«

»Ich komme zu Fuß.«

»Tut mir leid«, antwortete Petrus, »ich darf hier nur Leute hereinlassen, die zu Pferde kommen.«

Also kehrte John wieder um und lief die lange, lange Straße zurück. Als er gegen fünfzig Meilen gegangen war, traf er den Alten Herrn und den fragte er:

»Alter Herr, wo wollt Ihr denn hin?«

»Dummkopf«, antwortete der Alte Herr, »wo werde ich schon hinwollen, wenn ich auf dieser Straße wandere. In den Himmel natürlich.«

»Ja«, sagte John, »aber wenn Ihr zu Fuß kommt, lassen sie Euch nicht 'rein. Ich habe es vorhin schon versucht. Man muß zu Pferd ankommen. Aber ich hätte einen Vorschlag, wie wir es anstellen, damit wir beide in den Himmel kommen.«

»Da bin ich gespannt«, sagte der Alte Herr.

»Ganz einfach«, sprach John, »laß mich dein Pferd sein und reite auf mir, und ich werde dich in den Himmel tragen. Wenn wir dann am großen Tor sind, klopfst du an, und wenn Petrus dich fragt, wer du bist, nennst du deinen Namen und sagt, du seist zu Pferde. So schlüpfe auch ich mit durch.«

»Mir soll's recht sein«, sagte der weiße Mann, der daran dachte, wie bequem er nun bis zum Himmelstor reisen würde.

»Also«, befahl er, »nun nimm mich auf deinen Rücken!« Der Schwarze lief auf allen vieren wie ein Tier, und der Alte Herr ritt auf ihm. So kamen sie zum großen Tor.

»Wer ist da?« fragte Petrus wieder.

»Ich bin's«, antwortete der Alte Weiße Herr.

»Kommst du zu Fuß oder kommst du geritten?« wollte Petrus wissen.

»Ich komme geritten«, sagte der Alte Weiße Herr.

»Dann binde deinen alten Gaul draußen an und komm herein.«

Abraham erklärt den Schuß seines Herrn

Rehbockjagd war ein beliebter Sport unter den Plantagenbesitzern in Texas in den Tagen der Sklaverei. Meist wurde eine Jagdgesellschaft gebildet, jeder der Weißen nahm einen Sklaven mit, der das Wild tragen, sich um die Pferde kümmern und die Arbeit im Lager erledigen mußte. Am ausgelassensten ging es beim Essen zu, wenn Geschichten und zünftige Jägergarne gesponnen wurden. Unter den Jägern aus Goliad County war Jim Fant der König der Geschichtenerzähler. Er war ein großartiger Lügner und hatte immer den Sklaven Abraham bei sich, der ihn heraushauen mußte, wenn er sich beim Lügen verheddert hatte. Der Tag der großen Jagd kam, am Vormittag hatte allen das Jagdglück gelacht, die Weißen Herren setzten sich zum Dinner. Das Geschichtenerzählen begann. Wie gewöhnlich hob sich Jim Fant seine Geschichte bis zuletzt auf.

»Nun, Freunde«, begann er, »Abraham und ich konnten einfach nicht bis zur regulären Jagd warten. Wir mußten letzte Woche los und was schießen. Nachdem wir den ganzen Tag kein Wild vor die Büchse bekommen hatten und es schon gegen Sonnenuntergang war, kam plötzlich ein großer Rehbock aus dem Wald, und er lief geradewegs auf Abraham und mich zu. Ich riß mein Gewehr hoch und feuerte. Der Bock brach auf der Stelle tot zusammen. Nun, wir gingen hin, und was soll ich Euch sagen . . . die Kugel hatte das Ohr, den hinteren Lauf des Tieres und seinen Kopf durchbohrt.«

»Wie hast du denn das mit einer einzigen Kugel geschafft?« warf ein anderer Plantagenbesitzer ein.

»Abraham«, sagte Master Jim Fant und wandte sich an seinen Sklaven, »erklär es ihnen, wie ich es gemacht habe.« Abraham kratzte sich am Kopf, dachte einen Moment nach und dann sagte er langsam: »Nun ja, Sie müssen wissen, das war so. Als Massa schoß, hat sich der Rehbock gerade mit dem Hinterbein am Ohr gekratzt.«

Abends, auf dem Heimweg, sagte Abraham zu seinem Herrn: »Schauen Sie, Massa. Sie müssen wirklich Ihre Lügen etwas näher zusammen legen. Die drei Lügen, die Sie heute zum besten gegeben haben, lagen reichlich weit auseinander.«

Lias Offenbarung

Lias Jones war ein Betsklave. Lias betete häufig unter Tage, aber, was immer er auch gerade tat, um zwölf Uhr mittags hörte er kurz auf, kniete nieder und betete zu Gott. Es war ein besonderes Gebet, das Lias zu dieser Stunde sprach.

»Oh, Herr«, betete er, »bitte gib uns allen unsere Freiheit. Herr, willst du uns nicht bitte unsere Freiheit endlich schenken?«

Lias ließ sich nie entmutigen. Unverändert bat er Gott jeden Mittag darum, er möge ihm und seinen Brüdern die Freiheit schenken.

Eines Tages mußte Lias im großen Haus des Alten Herrn helfen. Lias begann um zwölf Uhr damit, das Wohnzimmer zu putzen. Er war aber noch nicht lange genug in dem Zimmer, um Zeit gehabt zu haben, sich die Möbel genau anzusehen. Eben da ertönte der große Gong, der die Neger zum Essen rief. Lias aber blieb stehen, um, wie er es gewohnt war, für die Freiheit zu beten. Er kniete sich nieder und begann: »Oh, Herr, komm, gib uns allen die Freiheit. Oh, Herr, schenk uns allen die Freiheit.« Als Lias aufstand, wollte es der Zufall, daß er genau gegenüber einem mannshohen Spiegel stand, der sein Ebenbild zeigte.

Sklaven hatten keine Spiegel, und Lias hatte auch noch nie zuvor einen Spiegel gesehen, deshalb war er höchst erstaunt, als ihn nun ein schwarzer Mann aus dem Glas hervor anschaute. Das einzige, was er sich vorstellen konnte, war, daß Gott gekommen sei, um seine Gebete zu beantworten. Und so sprach er, das Bild im Spiegel betrachtend: »Das muß ich sagen, Gott. Ich wußte nicht, daß du schwarz bist. Hab immer gedacht, du wärest ein weißer Mann. Da du nun schwarz bist, werde ich dir helfen, daß du deine Freiheit geschenkt bekommst.«

Onkel Bobs Reise nach Neu-England

Für die Negersklaven bedeutete das Wort Neu-England Flucht aus der Knechtschaft. Viele von ihnen sehnten sich nach dem Tag, an dem sie in das gelobte Land entfliehen und dort die Freiheit erlangen konnten.

In Matagorda County, nicht weit vom Golf von Mexiko, gab es eine große Plantage, die Master George Kearnes gehörte. Der älteste Sklave dort war Onkel Bob Kennedy. Onkel Bob sprach nicht viel, aber er war ein aufmerksamer Zuhörer, und was er einmal gehört hatte, das wußte er. Einmal hörte er, wie die weißen Leute sich über Sklaven unterhielten, die in die Neu-England-Staaten entlaufen waren. Einige, so schien es, waren mit Booten geflohen.

Da die Kearnes-Plantage am Golf lag und auch ein kleines Boot nicht fehlte, beschloß Onkel Bob, auf dem Wasserwege nach Neu-England zu fahren. Eines Abends, als es dunkel wurde, nahm er einen Sack Mehl und einen Krug Melasse und machte sich auf den Weg zu der kleinen Bucht, wo das Boot des weißen Herrn festgemacht war. Er stieg ein und wartete. Onkel Bob hatte von Ebbe und Flut gehört, und er hatte sich überlegt, daß die Flut in der Nacht sein Boot mit sich spülen und ihn später irgendwo in Neu-England an Land werfen werde. Voller Vertrauen auf die Gezeiten, legte er sich in das Boot und schlief ein.

Zeitig am nächsten Morgen kam Ezekiel, ein anderer Sklave von der Plantage, am Boot vorbei. Er entdeckte Onkel Bob und rief:

»Onkel Bob, Onkel Bob, aufstehen.«

Als Bob seinen Namen hörte, fuhr er hoch, rieb sich die Augen und blickte ganz verwirrt drein. Ja, das Boot mußte ihn wohl von der Plantage an die ferne Küste Neu-Englands getragen haben, aber etwas war dennoch nicht in Ordnung.

»Verdammt«, sagte Bob, »wer kennt mich denn hier in Neu-England schon so zeitig am Morgen.«

Pompey und der Herr

Ich bin nicht dabei gewesen, aber man hat mir davon erzählt, wie es in den Tagen der Sklaverei war.

Mister Bird gehörte ein Arbeiter, der hieß Pompey, und Pompey wollte frei sein. »Kommst nicht frei«, sagten die anderen, »nicht, ehe du stirbst und in den Himmel kommst.«

»Schön«, sagte Pompey, »dann spring ich eben in den Fluß. Da versinke ich wie ein Stein.«

»Nein, Pomp«, sagten sie, »so geht's auch nicht. Das heißt nicht frei sein. Das ist eine Sünde. Wenn du das tust, Pomp, dann kommst du in die Hölle. Der alte Teufel legt dich auf den Rost und facht mit dem Blasebalg die Glut an. Dann bist du verdammt in der Hölle, Pompey, bis ans Ende aller Tage.«

»Ich lauf fort«, sagte Pompey.

»Ach nein, Pomp«, sagten sie, »tu doch das nicht. Die Patrouillen fangen dich ein. Sie bringen dich zurück, und dann wirst du ausgepeitscht. Nein Pompey, tu das nicht, Junge.«

Jeden Abend betet Pompey zum Herrn. »Oh, Herr«, betet Pompey, »ich will frei sein, Freiheit gibt es nur im süßen Himmel.«

Aber etwas zu unternehmen, das wagt der arme Pompey sich nicht. Er betet und betet.

Er fällt auf die Knie und bittet Gott noch lauter, ihn aus der Sklaverei fortzuholen. So macht es Pompey jeden Abend, aber was hat er davon? Nichts.

Nun, eines Abends betete Pompey wieder. Kommt Mister Bird durch die Sklavenquartiere, weil er noch etwas Nachtluft atmen und über etwas nachdenken will. Da hört er das laute Blabla aus Pompeys Hütte. Mister Bird denkt schon, da liege jemand im Sterben. Er läuft zur Hütte, aber schon von draußen wird ihm klar, daß es nur Pompey ist, der den Herrn im Himmel anfleht, ihn fortzuholen.

»Mmm«, sagte Mister Bird und er lacht, »will ich mir doch mal einen kleinen Spaß machen.«

Er geht zum Fenster, zieht seinen großen schwarzen Hut tief ins Gesicht und schaut ins Zimmer.

Pompeys Frau sieht ihn und fragt: »Wer ist denn das?«

Die Kinder hören auf zu spielen: »Was ist das?«

Pompey hört auf zu beten und schaut hin: »Wer ist da am Fenster?«

Mister Bird steckt seinen Kopf in ein leeres Regenfaß und dann ruft er:

»Pompey, du sollst erhört werden, Pompey, bist du bereit, die lange Reise in den süßen Himmel anzutreten?«

Und wieder fragt er: »Ich sage, bist du fertig, Pomp?«

Pompey mag nicht antworten. Er hockt hinter dem Ofen, den Kopf in der Holzkiste. Er macht »psst« zu seiner Frau und flüstert:

»Sag dem Herrn, ich sei auf der Opossumjagd.«

»Herr«, sagt die Frau, »Pomp ist nicht hier. Er ist auf Opossumjagd.«

»Was du nicht sagst.«

»Komm ein ander Mal wieder«, sagt die Frau.

»Nun, gute Frau, das geht nicht. Kostet eine Menge Geld, diese Reise zu machen. Kann ich mir nicht leisten, hier runter zu kommen und dann niemanden mitzubringen. Muß jemanden mitnehmen. Schätze, ich nehm dann eben dich mit, Alte. Na los, dann komm.«

Die Frau springt aus ihrem Stuhl hoch und ruft:

»Herr, Herr, hab mich getäuscht. Pompey ist doch hier, Herr. Los, du kräuselhaariger Schuft, komm hinter dem Ofen hervor.«

»Ja, Pompey«, spricht der Herr, »komm da raus. Die himmlischen Heerscharen warten auf dich. Sie brauchen einen Vorsänger, und wie ich mir habe sagen lassen, bist du im fa-sola ganz gut.«

»Herr«, ruft Pompey von hinter dem Ofen hervor, »wartet doch bis ich mit dem Frühjahrspflügen fertig bin.«

»Nein, Pomp, das geht nicht an. Du hast mich immer angefleht, ich solle dich holen kommen. Jetzt bin ich da.«

»Herr«, spricht Pompey, »Mister Bird erwartet doch, daß ich die anderen Sklaven beaufsichtige, wenn die Baumwollernte anfängt. Ich bin der einzige, der es recht macht.«

»Los, komm jetzt raus, Pompey«, schreit der Herr, »ich kann hier nicht die halbe Nacht herumstehen und mich mit dir streiten. Hast du mich verstanden.«

»Herr«, sagt Pompey, »meine Alte hier, das ist der beste Alt, den wir im Betschuppen haben. Nimm sie mit, Herr. Ich glaub, die wäre auch recht für den Chor der himmlischen Heerscharen. Mister Bird wird sauer sein, wenn du mich mitnimmst. Ich bin doch seine beste Kraft.«

»Pompey!« ruft der Herr. Aber das klingt jetzt gar nicht mehr freundlich.

»Schon recht, Herr, ich komme«, sagt Pomp, »laß mir nur noch soviel Zeit, daß ich meine Sonntagshosen anziehen kann.«

»Mir recht«, sagt der Herr, »dann schaust du wenigstens ordentlich aus, bis sie dir im Himmel die weißen Gewänder geben.«

Pompey geht in eine Ecke des Zimmers. »Alte«, sagte er, »mach die Tür auf.«

Die Frau öffnet die Tür, und Pompey saust hinaus. Zoff! Aus der Tür. Und wenn ich sage, aus der Tür, dann meine ich, aus der Tür.

»Warte doch, Pompey!« ruft der Herr und rennt hinter ihm her.

Unterdessen sind die Frau und die Kinder an die Tür gekommen. Sie hören, wie Pompey durch die Büsche rast, ungefähr eine Meile entfernt. Hört sich an wie Knallfrösche.

»Mammi«, sagen die Kinder, »wird der Herr Pappi fangen?«
Spricht die alte Frau: »Niemand kann Pappi jetzt fangen.«
»Warum denn nicht?«
Sie spricht: »Habt ihr Narren denn nicht gesehen, daß Pappi
barfuß ist?«

Ein Sklavenrätsel

Sambo lingo lang tang	Sambo lingo lang tang
Chicken he flutter	Hühner fliegen machen
'de do lang tang!	lang tang!
Ol' eighteen hundred	Das alte Achtzehnhundert-
and fifty-one	undeinundfünfzig
As I went out	Als ich rausging
and in again	und wieder rein
Out de dead	Kam aus dem Toten
de linvin' came.	das Leben.
Under de gravel	Unter dem Kiesel
I do travel;	reise ich;
On de col' iron	Auf kaltem Eisen
I do stan'.	stehe ich.
I ride de filly	Ich reite das Pferd,
never foaled,	das nie gefohlt hat.
An' hol' de damsel	Und halte das Mädchen
in me han'.	in meiner Hand.
Water knee-deep	Die Schuhe im Wasser
in the clan,	knietief,
Not a wiggle tail	Keine Sporen
to be seen!	zu sehen!
Seven dere were,	Sieben waren da,
but six dere be,	abernursechssindgeblieben,
As I'm a virgin,	Da ich Jungfrau bin,
set me free!	laß mich frei!

Da der Alte Herr dieses Sklavenrätsel nicht lösen konnte,
schenkte er dem Schwarzen die Freiheit noch an jenem Weih-
nachtsmorgen, da dieser es ihm in »Ole Virginny« aufgege-
ben hatte.
Die Lösung aber lautet:
Die ersten zwei Zeilen: Sind nur die Einleitung.
Dritte Zeile: Das Jahr, in dem es geschah.
Vierte und fünfte Zeile: Als Jim aus dem Haus trat, sah er

eine alte Rebhuhnhenne mit sechs Jungen aus dem Gerippe eines Pferdes hervorkriechen.

Sechste Zeile: Jim hatte Kieselsteine oben auf dem Hut eingenäht. Freilich konnte sie der Herr nicht sehen.

Siebente und achte Zeile: Jim hatte seine Füße im eisernen Steigbügel und ritt ein Füllen.

Neunte Zeile: Die Stute war gestorben, Jim nimmt das Füllen. Aus der Haut der Stute macht er eine Peitsche, die hält er in der Hand.

Zehnte und elfte Zeile: Jims Schuhe sind knietief im Wasser. Freilich konnte der Alte Herr die Sporen nicht sehen.

Zwölfte Zeile: Die Rebhuhnhenne saß auf sieben Eiern, eines verdarb, sechs Küken schlüpften aus.

Dreizehnte Zeile: Da Jim nichts Böses getan hat, soll der Alte Herr ihn freilassen. Und das tat er dann auch!

II Im Himmel und auf Erden

*»Bei dem großen Erdbeben, das die Stadt Charleston ver-
wüstete, betete eine alte schwarze Frau:
Oh Gott, mein Vater, hast du nicht gesehen, wie die Erde
hier bebt, als sei dies der Tag des Jüngsten Gerichts.
Komm herab, Herr und hilf deinem Volk in seinen Nöten
und Heimsuchungen, aber eines laß dir gesagt sein, Herr
im Himmel, komm besser selbst und schicke nicht deinen
Sohn, denn das ist keine Zeit für Kinder.«*

Die Predigten und Abenteuer des Reverend
Nichodemus Ezra Malachi Lee of Maxfield
on Santee

Adam und Eva

Die meisten Leute sagen, der sechste Tag der Woche sei Samstag, denn am siebenten Tag ruhte sich Gott doch aus und betrachtete sich seine Schöpfung. Nun kann es am Samstag gewesen sein, daß er Mann und Weib schuf, aber nach allem, was man so sieht, muß er sich den ersten Mann und die erste Frau an einem alten unglücklichen Freitag ausgedacht haben.

Samstag oder Freitag — Gott setzte sie in die Welt. Und dann machte er einen hübschen Garten und ein schönes Haus mit einem kühlen Keller.

»Adam und Eva«, sagt er dann, »hier das wär's. Nehmt euren Krempel und zieht ein.«

»Vielen Dank, Gott«, sagt Eva.

»Einen Augenblick, Gott«, sagt Adam. »Von was soll ich denn die Miete zahlen? Bis jetzt hast du noch gar kein Geld geschaffen.«

Spricht Gott: »Mach dir mal darum keine Sorgen. Das Haus ist ein Geschenk für dich und deine kleine Frau.«

Also zogen der Mann und die Frau ein und begannen, es sich drinnen bequem zu machen. Und schon gab es Ärger.

»Adam«, sagt die Frau, »du zündest den Ofen an, während ich die Vorhänge aufhänge.«

»Warum zündest du nicht den Ofen an«, sagt Adam, »und läßt mich die Vorhänge aufhängen? Du bist so stark wie ich. Der Herr hat keinen von uns beiden stärker gemacht als den anderen. Wie kommt es dann aber, daß du mir all das schwere Zeugs auflädst?«

»Weil das eine Männerarbeit und das andere Frauenarbeit ist«, sagt Eva, »ich denke nicht daran, die schwere Arbeit zu tun. Das sieht nicht recht aus.«

»Sieht nicht recht aus für wen?« fragt Adam. »Wer soll es denn sehen? Du weißt doch, wir haben noch keine Nachbarn.« Eva stampft mit dem Fuß auf. Sie sagt:

»Nur weil wir noch keine Nachbarn haben, ist das noch lange kein Grund, hinter ihrem Rücken sich schlecht aufzuführen.«

»Ist das nicht typisch Frau!« seufzt Adam. Und dann setzt er sich, schlägt die Arme übereinander und sagt:

»Nein, ich mach den Ofen nicht an. Und damit basta, meine Liebe!«

Als nächstes schlägt ihn Eva mit der Faust auf seine Quasselbüchse, und er stürzt nach hinten über wie ein Kalb, das vom Blitz getroffen wird. Er rafft sich auf und kommt über sie wie eine Wildkatze. Sie prügeln und knuffen sich herum, bis das Haus ausschaut, als habe ein Zyklon darin Fangen gespielt. Aber keiner von beiden konnte gewinnen, weil Gott dem einen so viel Stärke verliehen hatte wie dem anderen.

Nach einer Weile sind sie beide erschöpft. Da fängt Eva an zu flennen, tritt mit den Füßen um sich und schreit: »Warum behandelst du mich so gemein, Adam. Selbst einen alten nichtsnutzigen Hund behandelt man besser als du mich!«

Adam spuckte einen Zahn aus und versuchte das verschwollene Auge, das Eva ihm geschlagen hatte, aufzumachen.

Dann sagte er:

»Wenn ich einen Hund hätte, der mir so zusetzt, würde ich ihn glatt töten.«

Aber Eva hört nicht auf zu flennen, und die Tränen machen das ganze Bettuch naß, also schleicht sich Adam aus dem Haus. Er kommt sich sehr gemein vor. Er schleicht um das Räucherhaus und überlegt, was er tun soll. Da trifft er Gott.

Und Gott sagt: »Na ... Adam? Irgendwas mit dem Haus nicht in Ordnung? Ist halt das erste, das ich geschaffen habe, da kommt schon mal ein Fehler unter.«

Adam schüttelt den Kopf.

»Das Haus ist schon recht, Gott, könnte gar nicht besser sein.«

»Was ist es dann, Adam?« fragt Gott.

»Um die Wahrheit zu sagen«, murmelt Adam, »es geht um diese Frau ... um Eva. Gott, du hast sie gleich stark erschaffen wie mich. Das kann nicht gutgehen. So hab ich von ihr überhaupt keinen Nutzen.«

Gott runzelte die Stirn. »Adam«, sagt er dann, »willst du Gott kritisieren? Bloß, weil ihr gleich stark seid. Das ist schon recht so. Mann und Frau sollen sich beide ins Geschirr legen.«

Adam zittert und schnaubt, er ist so wütend und elend, daß er einfach nicht an sich halten kann. Er sagt:

»Gott, sie und ich ... wir sind ja gar nicht gleich.«

Spricht Gott:

»Nimm dich in acht, Adam! Du streitest mit Gott!«

»Gott«, sagt Adam, »wie du sagst, wir sind gleich an Körperkräften. Aber dieses Weib hat noch andere Waffen, um zu kämpfen. Sie heult und bibbert, bis ich mir wie der letzte Dreck vorkomme. Ich halte dieses Geräusch nicht aus. Wenn das so weitergeht, weiß ich jetzt schon, daß die alte Eva immer ihren Willen durchsetzen wird, und mir bleibt all die schmutzige Arbeit zu tun.«

»Wie ist sie nur auf diesen Trick gekommen?« überlegt Gott, und er macht jetzt ein Gesicht, als ob er angestrengt nachdächte. »Du hast nicht vielleicht so einen kleinen roten Mann mit einer Gabel ums Haus schleichen sehen, Adam?«

»Nein, Gott. Aber ich habe gehört, wie sie heute morgen unten im Obstgarten mit jemandem gesprochen hat. Sie hat gemeint, das sei nur der Wind gewesen, der bläst. Nein, einen roten Mann habe ich nicht gesehen. Wer soll denn das sein, Gott?«

»Kümmere dich nicht darum, Adam«, sagt Gott. »Hmmmm!«

»Nun«, sagt Adam, »der Ärger mit dieser Frau macht mich fertig. Ich wäre dir schon sehr verbunden, wenn du mich stärker als Eva machen könntest. Dann kann ich ihr sagen: tu dies und tu jenes, und wenn sie nicht mag, verprügle ich sie. Wenn sie ab und zu eine Tracht Prügel kriegt, macht sie schon, was man ihr sagt.«

»So soll es sein!« spricht Gott, »sieh dich an, Adam!«

Also, Adam sah auf seine Arme. Sie waren zuvor weich und rund. Keine Muskeln, die hervortreten und aussehen wie große Süßkartoffeln. Seine Brust war wie ein Faß. Sein Bauch wie ein Waschbrett und seine Beine so fest, daß er fast selbst vor ihnen Angst bekam.

»Vielen Dank, guter Gott!« sagt Adam, »jetzt werd ich mir schon bei diesem Frauenzimmer Respekt verschaffen!«

Und zum Haus lief er und kam zur Hintertür herein.

Eva sitzt im Schaukelstuhl. Sie macht ein böses Gesicht. Sagt kein Wort, als Adam hereinkommt. Spricht kein Wort und starrt ihn nur an.

Dann greift sie in die Holzkiste und nimmt einen Prügel heraus.

»Wirf den Stock fort, Frau!« sagt Adam.

»Warum . . . wer hat hier immer ein großes Maul?«

Und bei diesem Wort springt sie auf und versucht mit dem Prügel auf Adams Kopf einzuhämmern.

Adam lacht nur. Er nimmt ihr den Prügel ab und schmeißt ihn aus dem Fenster. Dann gibt er ihr einen kleinen faulen Klaps, daß sie quer durchs Zimmer segelt.

»Wollen doch sehen, wer hier wen verprügelt, mein Schatz!« sagt er.

»Ich bin nur über etwas gestolpert«, sagt Eva, »und daß du mich geschlagen hast, dafür wirst du mir büßen, Adam!«

Sie kommt auf ihn zu, tritt und kratzt. Adam hebt sie hoch und schmeißt sie zu Boden.

»Bist du wieder ausgerutscht?« fragt er.

»Muß wohl sein, daß ich nicht recht sehe in dem dunklen Zimmer«, sagt Eva und versucht wieder auf ihn loszugehen. Also nimmt Adam sie wieder hoch und wirft sie diesmal aufs Bett, und dann läßt er seine flache Hand auf das dicke Ende der alten Eva klatschen. Er prügelt sie mit der einen Hand durch und mit der anderen hält er sie fest.

Nach einiger Zeit sagt sie: »Bitte, Adam, Schätzchen, hör auf, mich zu hauen! Ach bitte, bitte, Schätzchen!«

»Bin ich der Boß hier?« fragt Adam.

»Ja, Schatz«, sagt sie, »du bist der Größte und der Boß.«

»In Ordnung«, sagt er zu ihr, »ich bin der Boß. Gott hat mir Kraft für zwei gegeben. Von jetzt an siehst du dich besser vor, Frau. Was du jetzt erlebt hast, war nur so ein Summen. Aber das nächste Mal sing ich das ganze Lied.«

Er gibt Eva einen Schubs und spricht:

»Brat mir einen Fisch, Weib.«

»Ja, sofort, Adam, Schätzchen.«

Aber die alte Eva war verrückt genug, aufzumucksen. Sie wartete, bis der alte Adam ein Schläfchen machte. Dann ging sie in den Garten, zu dem alten Apfelbaum mit der Höhle zwischen den Wurzeln. Sie sah sich um, ob sie auch niemand sehe. Dann steckte sie ihren Kopf in die Höhle und rief. Nun, es mochte der Wind sein, der blies, oder vielleicht auch ein Vogel, aber es hörte sich an, als ob in der Höhle jemand mit Eva spreche. Und es klang auch so, als ob Eva sage: »Ja-Ja-Ja. An welcher Mauer meinst du? An der Ostmauer? Oh! In Ordnung.«

Jedenfalls kommt Eva ins Haus zurück. Sie strahlt über das ganze Gesicht, so als ob sie etwas wisse. Sie ist schrecklich freundlich zu Adam für den Rest des Tages. Am nächsten Morgen geht Eva zu Gott.

Gott sagt: »Schon wieder du, Eva? Was kann ich für dich tun?«

Eva lächelt und macht einen Knicks.

»Könntest du mir einen kleinen Gefallen tun, Gott?«

»Und das wäre, Eva?«

»Siehst du dort an der Ostmauer die zwei kleinen alten rostigen Schlüssel hängen? Wenn du sie nicht brauchst, hätte ich sie gern.«

»Ach«, sagt Gott, »ich hab schon vergessen, daß sie überhaupt dort hängen. Hab sie auf dem Müllhaufen gefunden und mir gedacht, vielleicht findest du eines Tages auch noch die Schlösser dazu. Sie hängen an dem Nagel schon zehn Millionen Jahre. Und die Schlösser habe ich immer noch nicht gefunden. Wenn du sie haben willst, nimm sie nur. Ich habe ohnehin keine Verwendung dafür.«

Also nimmt Eva die beiden Schlüssel, dankt Gott und geht heim. Da waren zwei Türen ohne Schlüssel, und Eva stellt fest, daß die beiden rostigen Schlüssel passen.

»Aaah!« sagt sie. »Hier sind die Schlösser, die Gott nicht finden konnte. Nun, Herr Adam, wollen wir doch einmal sehen, wer der Boß ist!«

Dann verschließt sie die beiden Türen und versteckt die Schlüssel.

Kommt Adam aus dem Garten. »Was zu essen, Frau!« sagt er.

»Kann nicht, Adam«, sagt Eva, »die Küchentür ist abgeschlossen.«

»Das krieg ich schon hin!« sagt Adam, und er versucht, die Küchentür aufzubrechen. Aber Gott hat sie so fest gefügt, daß es nicht einmal einen Kratzer gibt, als er sich dagegen wirft.

Sagt Eva: »Adam, Liebling, vielleicht gehst du noch in den Wald und holst Feuerholz. Wenn du zurückkommst, habe ich vielleicht die Küchentür aufbekommen. Vielleicht fällt mir bis dahin ein Zaubertrick ein, mit dem sich die Tür öffnen läßt.«

Also läuft er in den Wald und holt Holz. Und als er zurückkommt, ist tatsächlich die Küchentür offen und etwas zu essen steht auf dem Tisch.

Nun, nach dem Essen sagt Adam:

»Hör mal, Schätzchen. Wie wär das jetzt mit uns beiden? So ein kleines Schläfchen mit dir zusammen ... das würde mir gut tun.«

»Geht nicht«, sagt Eva, »die Schlafzimmertür ist verschlossen.«

»Oh!« sagt Adam, »aber vielleicht kennst du da auch einen Trick?«

»Vielleicht«, sagt Eva, »Liebling, such doch noch ein Stück Blech und flick das Loch im Dach, und unterdessen schau ich, ob ich die Schlafzimmertür aufkriege.«

Also flickte Adam das Dach, und Eva schloß die Schlafzimmertür auf. Und von da an behielt sie die beiden Schlüssel und wußte stets guten Nutzen aus ihnen zu ziehen.

Und dies ist der Grund, warum die Männer DENKEN, sie seien der Boß, und die Frauen WISSEN, daß sie der Boß sind, denn sie haben zwei alte kleine rostige Schlüssel, und schlau, wie die Frauen sind, wissen sie sie auf ihre Art höchst wirksam zu benutzen.

Und wenn du das nicht schon weißt, dann bist du bestimmt noch kein verheirateter Mann.

Wie die Dummheit in die Welt kam

Vor langer, langer Zeit, am Anfang der Welt, lebten der alte Adam und Miss Eva, und sie besaßen vierzig Morgen gutes Land, das Gott ihnen gegeben hatte. Damals gab es noch keine Baumwollkäfer und niemals kam Hochwasser.

Jedes Jahr wuchs eine gute Ernte. Sie hatten auch zwei Kühe und viele Schafe, und sie aßen alle gebratenen Hühnchen selbst auf, weil es noch keine Prediger gab, die sich zum Essen einluden und dann die besten Stücke vom Huhn bekamen.

Adam und Eva besaßen auch einen schönen Garten, mit Gemüse und Blumen und ein Haus mit einem Dach, durch das es nie hereinregnete. Der alte Adam hatte die besten Maultiere weit und breit und zwei brandneue Studebaker-Autos und eine Koppel guter Hunde für die Kaninchenjagd dazu.

Miss Eva half dem alten Adam bei der Ernte. Sie kochte und wusch und plättete. Sie kamen prächtig miteinander aus, ohne Streit, und nie wären sie auf die Idee gekommen, sich zu prügeln.

Der alte Adam ging gern auf die Jagd und zum Fischen, und immer, wenn er sich mal fortschleichen konnte, jagte er Kaninchen oder schaute nach seinen Forellenangeln. Aber das war nun Miss Eva gar nicht recht, denn wenn der alte Adam nicht daheim war, kam sie sich ein bißchen einsam vor und hatte niemanden, mit dem sie reden konnte. Also sagte sie eines Tages:

»Adam, kannst du nicht schauen, daß du ein paar Leute auftreibst, die mir Gesellschaft leisten und mit mir reden können, wenn du fort bist? Sonst laß ich es nicht mehr zu, daß du fischen und jagen gehst.«

Adam hörte das gar nicht gern, denn die Jagd und das Fischen liebte er über alles. Also ging er die große Straße hinunter und überlegte sich, was da wohl zu tun sei. Wie er so ging und nachdachte, traf er Gott.

Gott sagte:

»Guten Tag, Adam.«

»'Tag Gott!« — »Herr«, sagte dann der alte Adam, »du bist immer gut zu mir gewesen. Du hast mir vierzig Morgen Land gegeben und schenkst uns jedes Jahr eine gute Ernte. Du hast mir Miss Eva gegeben, und wahrlich, sie ist eine gute Frau. Sie hilft mir auf dem Feld. Sie wäscht, sie kocht, sie plättet. Aber, Gott, weißt du, ich bin ein Mann, der großen Spaß daran hat, zu fischen und zu jagen. Nun sagt Miss Eva, sie läßt mich nicht mehr zum Jagen und Fischen gehen, wenn ich nicht Leute auftreibe, mit denen sie sich unterhalten kann, während ich fort bin. Gott, bitte, kannst du

81

nicht ein paar Leute schaffen, die dieser Frau Gesellschaft leisten?«

Fragte Gott:

»Sag mal, Adam, wann soll ich diese Leute machen?«

Und Adam antwortete:

»Bitte, kannst du sie nicht noch heute abend machen?«

Also nahm Gott sein Notizbuch hervor, jenes, in dem für jeden Tag angegeben ist, ob Vollmond, Viertelmond oder Neumond sein wird, schaute nach, ob er für den Abend schon etwas vorhabe, und als da noch nichts eingetragen stand, versprach er dem alten Adam, er wolle sich mit ihm nach Sonnenuntergang am Fluß treffen, dort, wo es Lehm gibt, und dann werde er ein paar Leute machen.

Nun, der alte Adam war schon zur Stelle, als Gott auf einem schönen Reitpferd daherkam, abstieg und das Tier an einen kleinen Dattelpflaumenbaum festband.

Adam reichte Gott einen Klumpen Lehm, und Gott knetete den Lehm und formte Menschen daraus. Er machte ein paar Judenkinder, ein paar Christenkinder, ein paar weiße Kinder, ein paar Araber und ein paar Chinesen. Dann lehnte er sie alle gegen einen Zaun und sprach:

»Nun, Adam. Genug der Arbeit für heute. Sei morgen früh vor Sonnenaufgang wieder zur Stelle. Dann will ich ihnen allen Verstand geben.«

Adam war pünktlich am nächsten Tag. Aber was sah er? All die Leute, die Gott am letzten Abend gemacht hatte, waren fort ... auf und davon! Weggelaufen waren sie, ehe ihnen Gott den Verstand gegeben hatte. Und seitdem haben sich die dummen Menschen über die ganze Erde ausgebreitet.

Noah

»Nein«, sprach Gott, »so geht das nicht weiter. Diese Menschen, mit denen ich die Erde bevölkert habe, taugen nichts. Ich hätte gute Lust, sie von der Erde zu verjagen und statt ihrer Engel auf die Erde zu schicken.«

Gott ging auf der großen Straße, sprach mit sich selbst und überlegte, was er nur gegen die Sünde tun könne.

»Falsch«, redete er vor sich hin, »Engel sind recht zum Singen, zum Spielen und zum Herumfliegen, aber ob sie auch auf dem Feld arbeiten und Häuser bauen könnten, das ist noch schwer die Frage. Nein, so geht es auch nicht.«

Er lief immer weiter auf der großen Straße und murmelte vor sich hin:

»Die Menschen wären schon recht für diese Erde, wenn sie nur nicht so furchtbar viel sündigen würden. Ich habe die Sünden satt. Es wäre mir wahrlich lieber, auf dieser Welt würden Haifische hausen statt dieser Menschheit mit ihren Sünden. Ich kann Sünden nun einmal nicht ausstehen.«

Da traf Gott den alten Noah, der auch in dieser Gegend spazierenging.

»Guten Morgen, Bruder«, sagte Noah, »hab dich heute früh in der Kirche vermißt!«

»Ich habe keine Zeit, um zur Kirche zu gehen«, sagte Gott. »Ich muß arbeiten.«

»Ha!« sagte Noah, »heutzutage sagt jeder, er habe keine Zeit, um in die Kirche zu gehen. Je mehr ich predige, um so weniger Leute kommen zum Gottesdienst. Es ist die Pest! Wir haben nicht einmal mehr genug Leute für den Kirchenchor. Ich muß predigen und dazu auch noch Baßstimme singen.«

»Ist das wahr?« fragte Gott.

»Ja, leider«, sagte Noah, »heutzutage ist jeder damit beschäftigt, Karten zu spielen und zu sündigen. Das nennen sie dann Arbeit. Und deswegen haben sie keine Zeit, in die Kirche zu kommen. Ich will dir was sagen ...: im Vertrauen: Gott kümmert sich nicht mehr um die Menschen. Aber wenn der alte Gabriel seine Trompete blasen wird, dann wird sich zeigen, daß Gott auch noch ein Wörtchen mitzureden hat.«

»Bruder Noah«, sagte Gott, »weißt du denn nicht, wer ich bin?«

»Laß mich mal nachdenken«, sagte Noah, »dein Gesicht kommt mir bekannt vor. Mir fällt nur dein Name eben nicht ein. Aber was macht's, wie du heißt. Komm mit mir heim. Ich denke, meine alte Dame wird ein Huhn schlachten, und dann wollen wir essen und uns ausruhen, und abends kommst du dann mit zu meiner Predigt.«

»Mir soll's recht sein«, sprach Gott, »für Hühnchen habe ich schon immer eine Schwäche gehabt. Und sagtest du nicht, daß du Baß-Stimme singst?«

»Ich singe nicht schön«, sagte Noah, »aber da niemand anders da ist, muß es eben gehen.«

»Ich war mal ein recht guter Baß-Sänger«, sagte Gott.

Sie liefen zu Noahs Haus, und Gott ließ Noah nicht merken, daß er kein gewöhnlicher Mensch war. Sie aßen Hühnchen und tranken Bier und plötzlich sagte Gott:

»Bruder Noah, ich glaube, es beginnt zu regnen.«

»Hab ich mir schon gedacht, daß es heute regnen wird«, ant-

83

wortete Noah, »ich spüre schon seit Mittag meinen Rheumatismus. Bleib nur ruhig und mach es dir bequem!«

»Was tust du, wenn es nun zu regnen anfängt?« fragte Gott.

»Tja«, sagte Noah, »meistens . . . laß ich es eben regnen und warte, bis es vorbei ist.«

»Aber angenommen«, sagte Gott, »es würde nun vierzig Tage und vierzig Nächte regnen. Was dann?«

»Ich mache mir keine Sorgen«, sagte Noah. »Erstens glaube ich nicht, daß es so lange regnen wird . . . es sei denn, Gott hätte vor, uns zu bestrafen. Zum zweiten: Ich bin auf Gottes Seite. Er wird schon für mich sorgen, auch was das Wetter angeht.«

»Du meinst, Gott wird dich beschützen?«

»Ich glaube nur an ihn und an sonst nichts«, sagte Noah. »Ich kenne ihn, weißt du. Er läßt mich nicht verkommen.«

Da griff Gott in die Tasche an seinem Hemd und zog seine Krone hervor und setzte sie auf. Dann redete er, und Blitz und Donner kamen aus seinem Mund. Der alte Noah sank auf die Knie.

»Ach du bist es, Gott«, sagte er, »du bist es. Tut mir leid, daß ich dir nicht mehr bieten konnte.«

»Noah«, sagte Gott, »es wird jetzt vierzig Tage und vierzig Nächte regnen. Jeder, der auf dieser Erde ein Sünder ist, wird ertrinken. Und das bedeutet — alle, außer dir und deiner Familie. Nun los, steh auf und bau eine Arche, groß genug, daß ein Paar Elefanten, ein Paar Kühe, ein Paar Maultiere, ein Paar Schlangen und ein Paar von allem, was sonst noch kreucht und fleucht, darin Platz haben. Du machst besser die Arche so groß, daß auch noch ein paar Nahrungsmittel darin verstaut werden können. Bei dem, was ich im Sinn habe, wirst du wohl kaum in einen Laden laufen und etwas einkaufen können, wenn es erst einmal richtig zu regnen angefangen hat.«

»Schlangen auch, Herr?« fragte Noah.

»Auch Schlangen«, sagte Gott.

»Bei dem nassen Wetter«, gab Noah zu bedenken.

»Daran hatte ich nicht gedacht«, sagte Gott. »Vielleicht sollten wir besser keine Schlangen an Bord nehmen.«

»Ich habe Angst vor Schlangen«, sagte Noah. »Bei Schlangen wird mir immer schlecht, wenn ich nicht eine Flasche Schnaps in der Nähe weiß.«

»Ich mache mir nicht viel aus Schnaps«, sagte Gott, »aber gegen Schlangenbisse soll er gut sein. Das habe ich auch schon gehört.«

». . . und gegen Regen und nasses Wetter auch«, sagte Noah. »Mein Rheumatismus wird mir schwer zu schaffen machen, wenn ich nicht etwas Schnaps an Bord habe.«

»Dann nimmst du wohl besser eine Kiste voll Schnapsflaschen mit«, sagte Gott.

»Vielleicht doch besser zwei«, meinte Noah, »wegen des Gleichgewichts im Boot, verstehst du. Eine Kiste auf die eine Seite, die zweite Kiste auf die andere Seite. So kann das Boot nicht kentern.«

»Eine Kiste«, sagte Gott entschieden, »und du stellst sie mitten auf das Deck, damit ich sie immer im Auge habe. Eine Kiste voll Schnapsflaschen ist entschieden genug für vierzig Tage und vierzig Nächte, was immer auch geschehen mag. Und wenn ich sage *eine* Kiste, dann meine ich *eine* Kiste. Haben wir uns verstanden?«

»Ja, Herr«, sagte Noah, »also *eine* Kiste!«

Der Mann, der aus Johnstown in den Himmel ging

Ihr wißt ja, wenn es blitzt, dann schauen die Engel in den Spiegel; wenn es donnert, dann rollen sie das Regenfaß herein; und wenn es regnet, dann hat wieder einmal einer der Engel ein solches Regenfaß fallen lassen, und es ist entzwei gegangen.

Vorzeiten gingen einmal große Dinge im Himmel vor. Alle Engel hatten funkelnagelneue Kleider. Also standen sie alle Augenblicke vor dem Spiegel, und deshalb gab es am Himmel so viele Blitze. Gott befahl den Engeln, alle vollen Regenfässer hereinzuholen, und sie waren in solcher Eile, daß es Donner von Ost und West gab, und der Zickzackblitz fiel fast mit dem Murmeln des Donners zusammen. Na, und dann paßten ein paar Engel nicht auf. Sie ließen einen ganzen Haufen Regenfässer fallen, und weiß Gott, es regnete.

In Johnstown gab es eine große Überschwemmung. So viele Menschen ertranken, daß es aussah wie am Tag des Jüngsten Gerichts.

Die Leute, die ertrunken waren bei der Überschwemmung, gingen teils hierhin, teils dorthin. Ihr wißt schon, wenn irgendwo was passiert, ist bestimmt auch immer ein schwarzer Mann hinein verwickelt — so kam einer unserer schwarzen Brüder nach der Überschwemmung in den Himmel. Als er an das Tor kam, ließ Petrus ihn herein und hieß ihn willkommen. Der schwarze Mann hieß John. Und John fragte Petrus:

»Ist es hier auch trocken?«

Der alte Petrus fragte ihn: »Ja natürlich ist's trocken hier.

Wie kommt's, daß du fragst?«

»Na ja«, meinte John, »ich komme gerade aus einer Überschwemmung, und eine reicht mir. Oh Mann! Du hast noch nie in deinem Leben soviel Wasser gesehen. Diese Überschwemmung, die wir in Johnstown hatten, hättest du mal sehen sollen.«

Und Petrus sagte: »Ja, ja, wissen wir, ist uns bekannt. Geh jetzt mit Gabriel. Er wird dir neue Kleider geben.« Also ging John mit Gabriel und kam in funkelnagelneuen Kleidern zurück. Die ganze Zeit über, als er damit beschäftigt gewesen war, seine Kleider zu wechseln, hatte er Gabriel von der Überschwemmung erzählt, gerade so, als wüßte der das nicht alles auch schon längst.

Jetzt drückten sie John eine funkelneue Harfe in die Hand, gaben ihm einen goldenen Stuhl und hofften, er werde sich jetzt mit der Harfe beschäftigen und darüber die Überschwemmung vergessen.

Petrus sagte zu ihm:

»Fühl dich hier nur ganz wie zu Hause, und auf der Harfe kannst du spielen, was dir gefällt.«

John setzte sich auf den Stuhl und begann, die Harfe zu stimmen. Da kamen zwei Engel vorbei und schwupp, warf John seine Harfe hin und stieß sie an.

»He, ihr da«, rief er, »soll ich euch mal von der großen Überschwemmung erzählen, die es unten auf der Erde gegeben hat! Meine Herren, das war ein Regen!«

Die zwei Engel rannten davon, so schnell sie nur konnten. John wollte seine Geschichte bei einem anderen Engel los werden, aber der flog sogar fort. Gabriel ging zu John hinüber und versuchte, ihn zu beruhigen, aber John konnte es einfach nicht lassen, jedem Engel, den er sah, von der großen Überschwemmung zu erzählen.

Nach einer Weile kam er zu Petrus gelaufen und sagte:

»Hab immer gedacht, bei euch hier oben seien die Leute nett und höflich?«

»Ja. So sollte es wohl im Himmel sein. Hat dich jemand schlecht behandelt?«

»Na ja. Ich gehe da gerade auf einen Mann zu und fange an, so nett und freundlich, wie ich nur kann, ihm alles über die große Überschwemmung zu erzählen, und statt mir ebenso höflich zu antworten, ruft er: ›Scheiß. Was hast du schon an Wasser gesehen!‹ Darauf dreht er sich um und läßt mich einfach stehen.«

»War das der alte Mann mit dem gebogenen Spazierstock?« fragte Petrus John.

»Ja!«

»Hatte er einen Backenbart bis hier herab?« fragte Petrus

und deutete auf seine Hüfte.

»Ja, gewiß doch.«

»Mm«, sagte Petrus, »dann war das der alte Noah. Dem darfst du mit Überschwemmungen nicht kommen!«

Denken überflüssig

Es war einmal ein Mann, der studierte, um Pfarrer zu werden, da bemerkte er, daß etwas mit seinem Gehirn nicht in Ordnung war. Er ging zum Arzt. Der Arzt riet ihm, einen Spezialisten aufzusuchen. Der Spezialist erklärte ihm, man werde bei ihm eine Gehirnoperation vornehmen müssen. Das Gehirn mußte herausgenommen, ein Stück abgeschnitten und dann wieder vernäht werden. Als man dem Mann das Gehirn entfernt hatte, ließ er es bei dem Spezialisten zurück und ging fort. Der Arzt erwartete, er werde nach einigen Tagen zurückkommen, um sein Gehirn wieder abzuholen, aber der Mann kam nicht. Eines Tages begegnete der Arzt diesem Mann auf der Straße und sie begrüßten sich. Der Arzt erkundigte sich, wann er dann einmal vorbeikommen wolle, damit ihm sein Gehirn wieder eingesetzt werden könne. Der Mann antwortete, sein Gehirn könne der Arzt behalten. »Wie das?« fragte der Arzt erstaunt. »Tja«, antwortete der Mann, »erst wollte ich ja eigentlich Pfarrer werden. Pfarrer in einer schwarzen Gemeinde, Sie verstehen. Da hätte ich meinen Grips dazu gebraucht. Aber jetzt habe ich es mir anders überlegt. Ich werde jetzt Arzt. Da braucht man kein Gehirn zu.«

Zukunftsprobleme

Es war da einmal ein alter schwarzer Prediger, der beschrieb seiner Gemeinde Himmel und Hölle in allen Einzelheiten. Er predigte von einer großen viereckigen Stadt mit Straßen aus Gold, Mauern aus Elfenbein, Toren, die mit Edelsteinen übersät sind. Er erzählte von Tempeln und den Freuden der Engel. Seine Beschreibung war so eindrucksvoll, daß einige Schwestern in Verzückung gerieten und erklärten, sie hätten schon den Flügelschlag der Engel vernommen.

Als die Predigt vorbei war und zur Kollekte aufgerufen wurde, trat ein junger Bursche, der ganz hinten gesessen hatte, vor und warf einen ganzen halben Dollar in den Klingelbeutel. Diese großartige Spende schien ihm dazu angetan, nun dem Prediger auch noch eine Frage stellen zu dürfen. Er runzelte also die Stirn, trat auf den Pfarrer zu und sagte:

»Herr Pastor, Ihre Predigt heute morgen hat mir schon mächtig gut gefallen. Ich meine, was Sie da so über die Engel haben verlauten lassen, und wie sie mit den Flügeln schlagen. Aber es ist da etwas, worüber ich mir Gedanken mache, und weswegen ich Sie noch mal fragen wollte. Wenn ich jetzt in in den Himmel komme, wie in aller Welt, bekomm ich denn mein Hemd über diese verdammten Flügel?«

Der alte Prediger war jemand, der Sinn für Humor hatte, und nicht so leicht etwas krumm nahm. Er sah den Jungen über seine Brillengläser hinweg an und antwortete:

»Schau mal, Junge, du mußt mich in der Kirche hier nicht so törichtes Zeugs fragen. Denn wenn du stirbst, wird das gewiß nicht dein Problem sein. Wenn du stirbst, wirst du dich nämlich fragen: wie in aller Welt, krieg ich meinen Hut über diese verdammten Hörner.«

Der Fels

Christus hatte seine Jünger um sich versammelt und sprach zu ihnen:

»Heute machen wir eine Wanderung. Jeder nimmt einen Stein auf und kommt dann mit.«

Alle Jünger gehorchten und suchten sich einen schönen großen Stein, nur Petrus nicht. Er war so faul, daß er nur einen ganz kleinen Kiesel aufhob, ihn in die Hosentasche steckte und dann mit den anderen ging.

Nun, sie liefen den ganzen Tag, und die anderen elf Jünger wechselten den Stein, den sie bei sich trugen, von einer Hand in die andere, aber sie schleppten brav ihre Steine. Gegen Sonnenuntergang kamen sie an den See von Galilea und Jesus sprach zu ihnen:

»Jetzt wollen wir fischen. Werft eure Netze hier aus.«

Sie taten, wie ihnen geheißen und holten eine große Menge Fische ans Land. Dann kochten sie sie und Jesus sprach: »Nun bringt alle eure Steine her.«

Sie brachten ihre Steine, und Christus verwandelte sie in Brot. So hatten sie zusammen mit den Fischen, die sie gefangen hatten, alle genug zu essen. Nur Petrus nicht. Er hatte kaum einen Biß an dem kleinen Brot, und das gefiel ihm ganz und gar nicht.

Zwei oder drei Tage später wollte Jesus wieder eine Wanderung machen. Er blickte zum Himmel und sagte: »Heute ist wieder Wandertag. Greift euch einen Stein und dann kommt mit.«

Sie nahmen also jeder einen Stein auf und waren dann bereit. Nur Petrus machte wieder eine Ausnahme. Diesmal riß er ein halbes Gebirge herab. Der Fels war so groß, daß er ihn nicht einmal mit beiden Händen bewegen konnte. Er mußte eine Hebelstange zu Hilfe nehmen, um ihn überhaupt von der Stelle zu bekommen. Den ganzen Tag wanderte Jesus mit den Jüngern, er sprach zu ihnen, und Petrus schwitzte und mühte sich mit seinem Fels ab.

Am Abend machte Christus unter einem großen alten Baum halt, setzte sich, rief seine Jünger zu sich und sagte:

»Nun bringe jeder seinen Stein.«

Die Jünger gehorchten, nur Petrus nicht. Petrus war noch etwa eine Meile hinter ihnen auf der Straße und mühte sich mit seinem halben Gebirge ab. Aber Jesus wartete, bis er herangekommen war. Er betrachtete sich die Steine, die die anderen elf Jünger gebracht hatten, sah sich den Fels an, den Petrus durch die Gegend bewegte. Darauf setzte er seinen Fuß auf diesen Fels und sagte:

»Nun, Petrus, das ist ein guter Fels, den du da hast. Es ist ein edles Stück Gestein. Petrus, auf diesen Fels werde ich meine Kirche bauen.«

Spricht Petrus: »Nein, das solltest du besser nicht tun. Du sollst keine Kirche auf diesen Stein bauen. Du sollst ihn in Brot verwandeln.«

Christus begriff, was Petrus meinte, und er verwandelte dieses halbe Gebirge in Brot, und damit speiste er die 5000. Dann nahm er die elf anderen Steine, klebte sie zusammen und baute auf sie seine Kirche.

Und das ist der Grund, warum die christliche Kirche in so viele verschiedene Kirchen aufgespalten ist — sie wurde auf einem zusammengestückelten Felsen erbaut.

Weihnachtsgeschenk

Nun, eines Jahres um die Weihnachtszeit, ging Gott nach Palatka. Der Teufel war auch in der Nachbarschaft, und als er sah, wie Gott auf der großen langen Straße dahinging, versteckte er sich hinter einem Baumstamm. Nicht, daß er etwa vor Gott Angst gehabt hätte, aber er wollte von Gott ein Weihnachtsgeschenk, und selbst wollte er Gott nichts schenken.

Also, er wartete dort hinter dem Baumstamm, bis Gott vorbeikam. Dann sprang er hervor und rief: »Weihnachtsgeschenk!«

Gott blickte nach hinten über seine Schulter und sagte: »Nimm die Ostküste!« Dann lief er weiter. Und daher kommt es, daß wir immer die Stürme und die Gewitter abkriegen. Sie sind des Teufels.

Lula

Tad: Ich sag euch, Lula hat mir heut was zum Lachen gegeben.

Stimme: Wie das?

Tad: Sie ist beim Arzt gewesen. Sie hat schon 'ne ganze Weile Schmerzen. Also geht sie zum Arzt und sagt, sie wolle 'ne Untersuchung. Der Doktor legt sie auf einen Tisch, untersucht sie und erklärt ihr, daß er sie operieren müsse.

Und Lula sagt: Wieviel knöpfen Sie mir denn ab, um mir das zu eröffnen?

Sagt der Doktor: Zwei Dollar!

Sagt sie: Hier ist Ihr Geld. Und einen guten Tag!

Fragt sie der Doktor, was denn nun mit der Operation sei?

Und Lula sagt: Ich will keine Operation.

Sagt der Arzt: Die Operation ist aber notwendig. Sie sind sehr krank.

Und Lula sagt: Ich will keine Operation.

Sagt der Doktor: Wenn Sie sich nicht operieren lassen, werden Sie sterben.

Und Lula sagt: Auf Wiedersehen. Ich schätze, zu meinem Jesus komme ich auch noch ohne Ihre blödsinnige Operation.

Scip: Lula hat mehr Verstand als ich ihr zugetraut hätte.

Ruiniert

Tad: Hast du die Geschichte von Ella gehört?

Stimme: Wer ist Ella?

Tad: Die Ella von dem Hof mit den weißen Leuten.

Stimme: Und was ist mit Ella?

Tad: Du mußt wissen, Ella wurde sehr anständig erzogen. Sie hat sich nie mit Männern rumgetrieben. Sah aus, als hätte die für Männer überhaupt keine Verwendung.

Scip: Auf solche Lügen hab ich nie einen Cent gegeben. Sie ist doch 'ne Frau, oder? Und Männer sind Männer, nich?

Tad: Na jedenfalls hat sie so getan.

Scip: So getan, klar!

Stimme: Was is mit der Geschichte?

Tad: Is keine Geschichte. Ella wurde von den weißen Leuten gehütet wie'n Augapfel. Und das ging so weiß Gott schon wie lang. Dann ist sie verschwunden, sagte kein Wort und keiner wußte, warum. Na, die schwarzen Leute machen einen Ausflug, gingen nach Wilmington rüber, und Janey, du weißt doch, des alten Jubes Mädchen Janey — die war auch mit auf dem Ausflug und steht da an der Straßenecke und wartet auf die Straßenbahn. Und sie sagt, plötzlich sieht sie eine Frau in einem weißen Kleid, in Schuhen mit hohen Absätzen und mit Rüschen so überall und mehr Farbe und Talkpuder im Gesicht als du je von gehört hast. Sie schaut die Frau an und denkt: die sieht doch aus wie eine, die ich kennen tu. Und Janey sagt, sie geht bißchen näher ran und läßt sich Zeit, sie ganz genau zu betrachten. Und dann spricht sie die Frau an und sagt:

›Ist das nicht Ella?‹

Und das Mädchen sagt: ›Gewiß, ich bin Ella.‹

Und Janey sagt: ›In Gottes Namen, wo hast du denn gesteckt? Alle haben nach dir gesucht.‹

Und Ella sagt: ›Hast du's noch nicht gehört? Ich bin ruiniert.‹

Demokratie im Himmel

Es war einmal ein weißer Pfarrer, der wollte in seiner Predigt seiner schwarzen Gemeinde klarmachen, daß es auch im Himmel Rassentrennung gäbe, mit den weißen Heiligen auf der einen Seite und den schwarzen Heiligen auf der anderen.

Nach der Predigt kam die Reihe an einen der schwarzen Diakone. Er sollte das Gebet sprechen, und der alte schwarze Mann gehörte zu jenen Leuten, die mit Gott so sprechen wie mit anderen Leuten, in denselben Worten und auch, indem er an die vorgeschriebenen Gebete noch gewisse Zusätze anhängte. Und also betete er:

»Und, oh, Herr, wir danken dir für den Bruder Pfarrer, der zu uns gesprochen hat. Wir danken dir für den Himmel. Wir danken dir dafür, daß wir alle in den Himmel kommen können, aber was die Trennung angeht, Herr, so danken wir dir, daß du uns mit lauten Stimmen begabt hast. Wir danken dir, daß wir so laut brüllen. Gewiß werden wir mit unserem lauten Gesang die Trennwände zum Einstürzen bringen und uns über den ganzen Himmel ausbreiten. Und wir danken dir auch von Herzen, daß du die Weißen, sofern sie unser Geschrei nicht aushalten, in deiner großen Gnade und Barmherzigkeit aus dem Himmel entlassen wirst. Sie können ja dann anderswohin gehen. Amen!«

Die-Wah-Die, ein Ort, den nur die Schwarzen kennen

Von allen Orten, die nur die Schwarzen kennen, ist Die-Wah-Die der bekannteste. Das Wort bedeutet soviel wie »irgendwo weit fort«. Man erreicht Die-Wah-Die auf einer Straße, die so scharfe Kurven hat, daß ein Maultier, welches einen Wagen zieht, von dem Futter, welches hinten auf den Wagen geladen ist, fressen kann. In Die-Wah-Die braucht man nicht zu arbeiten und vor Menschen und wilden Tieren keine Angst zu haben. Es ist ein sehr ruhiger Ort, und die Randsteine sind so bequem wie anderswo die Sessel. Das Essen ist stets schon gekocht. Wenn ein Reisender hungrig wird, setzt er sich einfach auf den Randstein und wartet, und bald kommt etwas vorbeigerannt, das schreit: »Iß mich auf!« Vielleicht ist es gerade ein großes, gebratenes Huhn, in dem schon Messer und Gabel stecken. Man kann so viel davon essen, wie man gerade mag, und dann fliegt das gebratene Huhn weiter zum nächsten, der hungrig ist. Inzwischen hat sich schon ein Kuchen aus Süßkartoffeln herangeschoben, in dem auch ein Messer steckt, damit sich der Reisende seine Nachspeise abschneiden kann. Niemand kann dort alles aufessen. Gleichgültig, wieviel einer verzehrt, es wächst immer wieder nach. Man sagt: »Am liebsten möchte jeder in Die-Wah-Die leben, wenn es nur — selbst mit einer guten Landkarte — nicht so schwer zu finden und der Weg nicht so beschwerlich wäre.«

In Die-Wah-Die ist alles größer als hierzulande.

Selbst die Hunde brauchen sich nicht auf die Zehen zu stellen, wenn sie die Krumen vom Tischtuch auflecken wollen.

Der größte Mann am Ort ist der Mond-Aufzieher. Er heißt

so, weil er nur den Arm ausstrecken braucht, um bis zum Mond zu greifen. Er ist es auch, der den Mond scheinen läßt oder ihn verdunkelt, je nachdem, wie er eben nun Lust und Laune hat. Deswegen gibt es ab und zu immer wieder einmal Nächte, in denen es ganz dunkel ist. Dann hat der Mond-Aufzieher keine Lust gehabt, zum Himmel hinaufzulangen und die Kerze in der Mondlaterne anzuzünden.

So ist es in Die-Wah-Die, das könnt ihr mir glauben!

III Voodoo, Hexen und Gespenster

»Der abergläubische Bewußtseinszustand sieht ein Zeichen in allen Dingen und glaubt, daß durch alles Zeichen gesetzt würden, damit der Mensch sie entziffre.«

B. A. Botkin, Culture in the South

Voodoo

Die meisten Neger sprechen von Zauber als von »Voodoo«. Einige Schriftsteller leiten den Begriff von den Anhängern des Peter Valdez, den Waldensern oder Vaudois ab, einer Sekte, die sich später auf Haiti ausbreitete, doch die vorherrschende Meinung heute ist, daß das Wort aus Afrika stammt und sich von »vo« (d. h. jemandem Furcht einjagen) herleitet. Es bezieht sich auf einen Gott, vor dem man Furcht oder Ehrfurcht empfindet.

Vodu ist aber nicht der Name einer bestimmten Gottheit, sondern wurde von den Afrikanern auf jeden Gott bezogen. In den südöstlichen Gebieten des Ewe-Territoriums jedoch wurde die Python-Schlange als Gottheit verehrt, und dieser Vodu- oder Voodu-Kult war es, der mit Sklaven aus Ardra und Whydah, die ihrem Glauben bis heute treu geblieben sind, nach Haiti gelangte. 1724 fielen die Dahomes in Ardra ein und unterwarfen es; drei Jahre später wurde Whydah von demselben Stamm besetzt. Zu dieser Zeit kamen ohne Zweifel die ersten Voodoo-Gläubigen nach Haiti. Tausende Afrikaner aus diesen die Schlange anbetenden Stämmen wurden damals in die Sklaverei verkauft und über den Atlantik auf die Westindischen Inseln verschleppt. Etwa um dieselbe Zeit kamen Ewe sprechende Sklaven nach Lousiana. 1809, während des Krieges zwischen Frankreich und Kuba, flohen haitische Plantagenbesitzer unter Mitnahme ihrer Sklaven aus Kuba, wo sie während der Revolution auf Haiti Zuflucht gesucht hatten. Sie kamen nun nach New Orleans und ließen sich dort nieder. Auch diese Schwarzen waren gläubige Anhänger des Schlangenkults. Dies sind die Wurzeln der Voodoo-Religion in der USA.

Voodoo-Riten

Die geheimen Zusammenkünfte der Voodoo-Gesellschaft fanden nachts statt. Castellanos berichtet, daß sich die Mitglieder ihrer normalen Kleidung entledigten, Sandalen anzogen und sich rote Taschentücher um die Lenden legten. Die

Tücher des Königs waren aus feinerem Stoff. Er trug auch eine blaue Schnur um die Hüfte und auf dem Kopf einen scharlachfarbenen Turban. Die Königin war einfacher gekleidet, mit einem roten Kleid und roter Schärpe.

Die Zeremonie beginnt mit der Anbetung der Schlange, die in einem Käfig vor dem König und der Königin auf dem Altar steht, und mit der Erneuerung des Eides. Der König und die Königin versprechen all jenen Glück, die in allen Lebensfragen ihren Rat suchen. Dann treten die Mitglieder einzeln vor, um den Voodoo-Gott zu verehren, für ihre Freunde Segen zu erbitten und um Verwünschungen gegen ihre Feinde auszusprechen. Der König hört geduldig zu. Dann fährt der Geist in ihn. Er setzt die Königin auf den Käfig, in dem sich die Schlange befindet. Sie gerät in Zuckungen, und Orakelsprüche kommen über ihre Lippen. Sie bringt Schmeicheleien und Wünsche vor, sie werden durch sie zum Gesetz im Namen der Schlange. Fragen werden gestellt und Opfergaben entgegengenommen. Noch einmal wird der Eid beschworen. Jemand öffnet sich eine Ader und läßt den Käfig tropfen.

Darauf beginnt der Tanz. Die Einweihung eines neuen Kandidaten bildet den ersten Teil dieser Zeremonie. Der Voodoo-König zieht in der Mitte des Raumes mit Holzkohle einen großen Kreis und stellt den Neuling in dessen Mitte. Dann gibt er ihm ein Bündel Kräuter, Pferdehaar, ranzigen Talg, Wachsidole, geriebenes Horn und andere ekelerregende Substanzen in die Hand. Er berührt mit einem kleinen hölzernen Ruder seinen Kopf und singt dazu die folgende afrikanische Weise:

> Eh! eh! Bomba, hen, hen!
> Canga bafio te,
> Canga moune de le,
> Canga do ki la
> Canga li.

Jetzt beginnt der Kandidat zu tanzen. Man nennt das »monter voudou«. Wenn er in der Trance aus dem Ring heraustanzt, wenden sich König und Königin ab, um das schlechte Omen zu neutralisieren. Ab und zu trinkt der Neuling stimulierende Getränke, bis er voll und ganz in Trance geraten ist. Soll sein Tanz enden, so berührt ihn der König wieder mit dem Ruder oder mit einer Schnur aus gegerbter Kuhhaut. Darauf führt man den Kandidaten zum Altar. Nachdem er den Eid abgelegt hat, ist er ein vollberechtigtes Mitglied des Ordens. Der König setzt seinen Fuß auf den Käfig, in dem sich die Schlange befindet. Er wird dabei wie von einem elektrischen Schlag durchzuckt, der von ihm zur Königin und von dieser auf alle anderen Teilnehmer weitergeleitet wird. Alle werden von Konvulsionen geschüttelt, am stärksten aber die Königin. Von Zeit zu Zeit berührt der König abermals die Schlange, um sich mit Zauberkraft aufzuladen. Der Käfig wird geschüttelt und das Klingeln von kleinen Glocken, die an ihm befestigt sind, steigert die allgemeine Erregung. Niemand kann sich dem entziehen. Die Menschen beginnen mit großer Geschwindigkeit zu tanzen, einige reißen sich die Kleider vom Leib und bieten ihre nackte Haut den Schlangenzähnen dar. Andere fallen völlig erschöpft zu Boden und werden, noch keuchend und zuckend, ins Freie getragen.

Voodoo und Hexen

»Ich glaube überhaupt nicht an Voodoo«, erklärte Bongy Jackson. »Eines Tages hatte einer meiner Neffen Ärger mit der Polizei, und eine Frau kam in mein Haus und sagte, wenn ich ihr was zahlte, könne sie mir mit Voodoo helfen. Ich gab der Frau etwas Geld und dazu den besten Schinken, den wir in der Räucherkammer hängen hatten, und sie händigte mir ein Papier aus, auf dem stand etwas geschrieben, und darin eingepackt war eine Art Pulver, das sah aus, als ob es von getrockneten Wurzeln stamme. Sie riet mir, das Pulver dem Jungen zu schicken und ihm auszurichten, er solle es während der Verhandlung im Gerichtssaal kauen, dabei das Papier in der Hand halten und immer darauf spucken, wenn der Richter ihn anschaue. Der Junge hat alles genau befolgt, aber deswegen ist er doch ins Gefängnis gekommen. Nein, ich glaube nicht an Voodoo.«

»Ich habe nie eine Hexe gesehen«, meinte Rebecca Fletcher, »aber meine Großmutter kannte viele, und sie hat mir auch oft gesagt, wie sie so aussehen. Sie erzählte mir auch einmal von einer Hexe, die ging in das Haus einer guten Frau, als diese gerade im Bett lag. Die Frau im Bett wußte, daß dieses Weib eine Hexe war und sagte, sie solle in ein anderes Zimmer gehen. Die Hexe tat wie ihr geheißen, aber sie ließ ihre Haut im Schlafzimmer zurück. Die Frau sprang aus dem Bett und streute Salz und Pfeffer darauf. Die alte Hexe kam zurück, um ihre Haut wieder anzulegen. Da fing sie an zu brüllen und herumzuspringen, als sei sie verrückt geworden. Sie schrie und schrie: ›Ich halte das nicht aus! Ich halte das nicht aus! Etwas beißt mich.‹ ›Haut, kennst du mich nicht mehr‹, sagte sie dann dreimal, aber das Salz und der Pfeffer hörten nicht auf, sie zu plagen. Die Frau, die im Bett gelegen hatte, holte einen Besen. Da sprang die Hexe auf den Besenstiel, erhob sich in die Luft und war verschwunden. Jetzt kann jeder für sich denken, was davon zu halten ist.«

Voodoo-Rezepte

Um zu töten

Man nehme schlecht gewordenen Essig, Rindergalle, Gumbo mit rotem Pfeffer und schreibe Namen kreuz und quer übereinander auf ein Stück Papier, das man auch in die Flasche steckt. Man schüttle die Flasche an neun Tagen am Morgen und sage ihr, was man will. Um das Opfer zu töten, stelle man die Flasche auf den Kopf und versenke sie bis zur Brust in die Erde.

Damit man geliebt wird

Man nehme neun Klumpen Stärke, neun Würfel Zucker und neun Teelöffel mit Stahlspänen und feuchte alles gut mit Jockey Club Kölnisch Wasser an. Man nehme einen Dessertlöffel von dieser Substanz und träufle sie auf ein Stück Seidenband, das man zu einem Beutel verschnürt. Bei jeder Falte, die man macht, nenne man den Namen dessen, von dem man geliebt werden will. Man fertige neun solcher Beutel, lege sie unter den Teppich, hinter die Spiegelkommode oder unter die Türschwelle. Wen solcher Zauber trifft, der wird dich lieben und dir alles geben, was er besitzt. Entfernungen spielen keine Rolle. Dein Bewußtsein spricht zu seinem Bewußtsein, und das ist entscheidend.

Schwarze Magie um einen Verbrecher zu befreien

Beschaffe dir ein Stück von dem Seil, mit dem er gehängt werden soll, und laß einen Zauberdoktor ein Gebet darüberhin sprechen. Gib das Seil dem Verurteilten, und er wird freikommen.

Um einen Feind zu schädigen

Schreibe seinen Namen auf den Schnabel eines toten Vogels. Das wird deinem Feind Unglück bringen.

Ein Fetisch, der tötet

Haare aus einem Roßschweif, einen Schlangenzahn und Schießpulver. Verschnüre dies zu einem kleinen Bündel und lege es unter die Türschwelle deines Feindes.

Um eine Frau liebestoll zu machen
Streue auf ihren linken Schuh um Mitternacht Nougat.

Um sich an einer Frau zu rächen
Bring ein Haar von ihr an dich, und es werden ihr alle Haare ausfallen.

Ein Liebes-Fetisch
Setze einen lebenden Frosch in einen Ameisenhaufen. Warte, bis die Ameisen sein Fleisch bis auf die Knochen abgenagt haben. Du wirst etwas Flaches, Herzförmiges finden und etwas, das wie ein Haken aussieht. Hake diesen Knochen in das Kleid der Frau, die dich lieben soll. Behalte den herzförmigen Knochen. Wenn du ihn verlierst, wird sie dich ebenso wild hassen, wie sie dich zuvor wild geliebt hat.

Damit dein Liebster dir treu bleibt
Schreib seinen Namen auf ein Stück Papier und wirf es in den Schornstein. Bete dreimal am Tag.

Vier schwarze Katzen und anderes mehr

Einmal reiste ich durch Süd-Karolina. Das Geld war mir ausgegangen. Es war Herbst, auch regnete es, und mir war kalt. So sah ich mich nach einem trockenen Platz für die Nacht um und entdeckte am Straßenrand ein großes weißes Haus. Ich ging zu dem Haus und klopfte an die Tür. Ein Mann öffnete mir, und ich sagte ihm, wie es um mich stand. Ich erzählte ihm, daß ich weit von daheim fort sei und für die Nacht ein Quartier in der Hundehütte oder in einer Scheune suche.

Der Mann sah mich an und sagte dann, er besitze ein Haus auf dem Hügel, in dem ich wohl über Nacht bleiben könne. Er erklärte mir auch, daß ich in diesem Haus Holz finden würde, um mir ein Feuer zu machen, wie auch ein Bett, doch dürfe ich mich nicht wundern, daß niemand dort wohne, denn ein Spuk gehe dort um. Vor Geistern und Kobolden habe ich mich noch nie gefürchtet. Also war ich's zufrieden, dankte, wünschte ihm eine gute Nacht und begab mich zu dem Haus auf dem Hügel.

Ich öffnete die Tür und trat ein. Alles sah schön und fein aus. Ich riß ein Streichholz an, und die Lampe brannte. Dann trug ich Holz herbei und machte Feuer im Kamin. Ich setzte

mich nieder, wärmte mich, ließ meine durchnäßten Kleider trocknen und fühlte mich wohl wie in Abrahams Schoß. Plötzlich aber hörte ich, wie im Stockwerk über mir jemand laut und vernehmlich sagte: »Ich komme herunter, ich komme herunter, ich komme herunter.«
Und mit jedem Satz wurde seine Stimme drohender.
Ich sah auf, und tatsächlich: da stand er auch schon vor mir im Türrahmen ... ein Mann, ganz in Weiß gekleidet.
Da ich nicht wagte, an ihm vorbei durch die Tür aus dem Haus zu rennen, sprang ich aus dem Fenster.
Ich lief sieben Meilen, so schnell ich konnte, die Straße hinunter, dann traf ich einen Prediger, der mir zurief, ich möge doch einmal stehenbleiben. Ich tat, wie mir geheißen.
Er sagte: »Junger Mann, wohin denn so eilig des Weges?«
Ich antwortete: »Wenn Sie gesehen hätten, was ich gesehen habe, dann hätten Sie es jetzt gewiß auch eilig, weiterzukommen.«
Dann erzählte ich ihm in allen Einzelheiten, was mir widerfahren war.
Darauf sprach er: »Nur ruhig, mein Freund, und Mut gefaßt. Ich werde dir beweisen, daß du dich getäuscht hast.«
»Und wie wollen Sie das anfangen?« fragte ich.
Er sprach: »Ich gehe jetzt mit dir zu diesem Haus.«
Das beruhigte mich gar nicht, und ich wollte wissen, wer denn noch mitkäme, worauf er sagte, der himmlische Vater werde bei uns sein.
Also kehrten wir um und gingen zurück. Wir beeilten uns und erreichten nach geraumer Zeit auch tatsächlich wieder das Haus auf dem Hügel. Das Licht brannte noch, das Feuer im Kamin loderte. Mein Begleiter stieß die Tür auf und wir traten ein. Ich stellte mich ans Fenster, und er setzte sich an den Tisch, schlug die Bibel auf und begann, laut daraus vorzulesen. Kurz darauf aber hörte ich abermals eine Stimme sagen:
»Ich komme herunter, ich komme herunter, ich komme herunter!«
Da war es wieder. Der Pfarrer sah mich an. Ich sah den Pfarrer an. Dann stiegen wir eilig beide aus dem Fenster und liefen fort, als gelte es unser Leben. Nachdem wir zehn Meilen gerannt waren, fragte ich den Prediger, ob der Herr im Himmel nun noch immer bei uns wäre.
»Oh, gewiß«, versicherte mir der Prediger, »aber meinst du, er könnte nicht auch einmal Angst bekommen, wenn es irgendwo so unheimlich zugeht?«

Also, das ist ja gar nichts! Ich habe von einem Prediger gehört, dem bot man viel Geld, wenn er nur eine Nacht in

einem Geisterhaus wachen wolle. So ging er also hin, nahm die Bibel mit und begann daraus vorzulesen. Nach einiger Zeit kam der erste Geist herein. Er hatte um sich eine Wolke heißer Luft und sah aus wie ein Mensch, nur daß ihm der Kopf fehlte, und er sprach zu dem Prediger:
»Willst du wirklich hier warten bis zum Sankt Nimmerleinstag?«
Der Prediger war über diese Frage so erstaunt, daß es ihm die Sprache verschlug. Nachdem ein Augenblick vergangen war, kam auch schon der nächste Geist. Er sah aus wie ein Maultier, nur eben, daß dem armen Tier der Schädel fehlte. Und der Geist sprach:
»Willst du hier warten bis zum Sankt Nimmerleinstag?«
Der Prediger bekam Angst. Er wußte nicht, was er tun sollte. Er dachte: Vielleicht ist es doch besser, wenn ich jetzt gehe. Aber ehe er sich noch erheben konnte, stand auch schon der dritte Geist im Zimmer. Der sah aus wie eine Katze, was sag ich, wie eine riesige Katze mit glühenden Augen, und auf ihrem Fell zischte es wie auf einer Ofenplatte, wenn Wasser darauf fällt.
Der Geist miaute:
»Willst du hier warten bis zum Sankt Nimmerleinstag?«
Diesmal wurde dem Prediger ganz übel vor Angst. Da beschloß er, sich einen Kaffee zu kochen und sich etwas Speck zu braten, und das tat er dann auch.
Kaum hatte er sich die Mahlzeit gerichtet, da kam ein vierter Geist herein, der sah aus wie ein Hund und hatte Stoßzähne wie ein Eber. Er setzte sich dem Prediger auf die Knie, aß ihm allen Speck weg und trank allen Kaffee. Dann sprang er auf, rannte um den Tisch, richtete seine Hauer auf den armen Mann und brüllte:
»Willst du wirklich und wahrhaftig hier warten bis zum Sankt Nimmerleinstag?«
Da rief der Prediger:
»Zum Teufel, nein . . . ich geh' ja schon!«

Da fällt mir auch eine schöne Gespenstergeschichte ein, in der ein Pfarrer und eine Katze vorkommen. Also, es war einmal so ein alter Pfarrer, der prahlte damit, daß er sich nicht vor Geistern und Spuk fürchte. Sagte meine Schwester: »Siehst du, unser Herr Pfarrer ist ein furchtloser Mensch.« Sagten die anderen zum Pfarrer drauf: »Wenn dem so ist, Pfarrer, warum gehst du dann nicht einmal in das alte Haus, das seit dem Krieg keiner mehr betreten hat?« Was sollte der Pfarrer machen?
Natürlich ging er in das große, alte Haus, nahm seine Bibel mit und betete zum Herrn, er möge ihn beschützen, wie er

Daniel in der Löwengrube beschützt hat. Plötzlich aber steht da ein kleines schwarzes Kätzchen, das reibt sein Fell an unseres Pfarrers Knie. Er sagt: »Amen, Herr, Amen«, setzt sich dann wieder hin und fährt fort, in der Bibel zu lesen. Dabei will er das Kätzchen streicheln, kann es aber nicht erreichen. Plötzlich sieht er es neben sich sitzen. Er vertieft sich wieder in die Schrift und schaut nicht auf, bis er ein Geräusch hört. Und was sieht er da? Sitzt doch neben der ersten Katze eine zweite, die etwas größer ist und ihn anschaut. Er will sie streicheln, bekommt sie aber wieder nicht zu fassen. Nach einiger Zeit kommt eine dritte schwarze Katze, die wieder etwas größer ist. Doch das sind nicht alle Katzen, denn gleich darauf erscheint wieder eine Katze, die ist so groß wie ein Luchs und lacht den Pfarrer an, und dann kommt eine Katze, die ist so groß wie ein Hund und schließlich noch eine, so groß wie ein Kalb. Da springt der Pfarrer auf. Er sieht zum Fenster hinaus und schaut auch auf die Treppe, und wohin er auch schaut: überall sind Katzen und kommen Katzen, und alle fangen an zu miauen und zu schnurren, so daß es dem armen Pfarrer ganz angst und bange wird. So etwas hat er noch nie gesehen und gehört: lauter Katzen und alle fauchen und heulen und schnurren, daß die Luft davon erzittert. Das muß das Jüngste Gericht sein, denkt sich der Pfarrer.
Dann ist er ohnmächtig geworden, hat aber auch geschrien, bis jemand kam, um ihn herauszuholen. Sein Befreier sah nur noch, daß die Blätter der Bibel überall im Zimmer verstreut lagen und daß der Herr Pfarrer ganz verkratzte Hände hatte. Man brachte ihn heim, und als der Pfarrer wieder zu sich kam, stöhnte und murmelte er:

Oh Herr, mir ist wie eine Feder, die durch die Lüfte weht.

Oh Herr, mir ist, als hätte ich niemals gesprochen ein Gebet.

Ich weiß auch noch eine Geschichte, die von einer schwarzen Katze handelt, sind ja auch wirklich unheimliche Tiere.
Es war einmal ein alter Holzfäller. Eines Abends, als er von seiner Arbeit heimging, sah er plötzlich vor sich eine schwarze Katze. Als er noch einmal hinschaute, liefen da neun kleine schwarze Katzen, die eine große schwarze Katze auf einer Totenbahre trugen.
Seltsam, dachte der Mann, wo hat man je so etwas gesehen?
Und eine der Katzen begann plötzlich zu sprechen. Sie sagte: »Sie da, Herr, sagen Sie Tante Kan, daß Polly Grundy tot ist.«
Seltsam, dachte der Mann, wo hat man je so etwas gehört?

103

Wenn das mit rechten Dingen zugeht, so will ich Klaus heißen, wer, zum Teufel, ist Tante Kan, und wer mag wohl Polly Grundy sein?

Also ging er weiter, aber da sprach wieder jemand mit leiser, schnurrender Stimme:

»He, guter Mann, bitte sag doch Tante Kan, daß Polly Grundy tot ist.«

Herrje, dachte der Mann, jetzt fangen sie auch schon an, mich zu duzen.

Da begann er zu rennen und hörte nicht auf, bis er an sein Haus kam. Er wollte seiner Frau nichts von seinem seltsamen Erlebnis erzählen, weil er fürchtete, sie könne erschrecken. Aber als er am Abend vor dem Feuer saß und sein Essen verzehrte, sprach er zu seinem Weib: »Hör, Alte, ich muß dir etwas erzählen, was ich eigentlich für mich behalten wollte.« Und als er das sagte, kam die alte gelbe Katze aus der Ecke und setzte sich neben seinen Stuhl und sah zu ihm auf.

Seine Frau sprach: »Was hast du denn, Mann? Ich habe doch gleich gesehen, daß du etwas auf dem Herzen hast, als du zur Tür hereinkamst.«

»Ja doch«, antwortete der Holzfäller, »als ich heute abend aus dem Wald kam und die Straße entlangging, was sehe ich da! Neun kleine schwarze Katzen mit einer Leichenbahre, auf der eine große schwarze Katze lag, und die kleinen schwarzen Katzen sagten zu mir, ich solle Tante Kan bestellen, daß Polly Grundy tot ist.«

Als er das gesagt hatte, machte die gelbe Katze einen Satz und sagte: »Ach, sie ist tot. Ja, dann muß ich fort zu ihrem Begräbnis!« Und schwupp, fort war sie zum offenen Fenster hinaus, und nie hat man sie wieder gesehen.

Des Teufels Wohnung in New Orleans

Einst wohnte der Teufel in New Orleans. Er hatte sich eine französische Geliebte genommen und baute ihr ein stattliches Haus in der St. Charles Avenue. Der Teufel war sehr verliebt und auch furchtbar eifersüchtig. Doch da er immer sechs Tage in der Woche auf Reisen war, um all seinen anderen Verpflichtungen nachzukommen, suchte sich seine kokette Freundin einen anderen Liebhaber, einen hübschen, jungen Kreolen.

Eines Nachts kam der Teufel nach New Orleans zurück. Er ging zu seinem Haus und verbarg sich hinter dem Türpfosten, und als der junge Kreole auf die Straße treten wollte, versperrte er ihm den Weg und sagte ihm, daß er die schöne Französin als erster besessen habe, nun aber, so fuhr er fort, sei er sie leid, und der Kreole könne sie haben und noch eine Million Pfund dazu. Nur eine Bedingung müsse er erfüllen. Er solle mit dem Mädchen aus der Stadt fortziehen und sich immer nur Monsieur L. nennen.

Der junge Mann stimmte zu, und am nächsten Abend erzählte er seinem Schatz, was ihm widerfahren war. Das französische Mädchen wurde zornig und erschrak zugleich, denn sie wußte sehr genau, daß das L für Luzifer stand. In ihrem Zorn warf sie ihrem kreolischen Geliebten die Serviette um den Hals und erdrosselte ihn. In diesem Augenblick trat der Teufel ein. Er vergewaltigte das Mädchen. Dann tötete er sie, schleppte beide Leichen aufs Dach, riß ihnen die Haut vom Leibe und warf sie den Katzen zum Fraße vor.

Seit jener Nacht war am Giebel des Hauses ein Totenkopf zu sehen. Damit aber hatte es folgende Bewandtnis. Es war Vollmond gewesen in dieser Nacht, und bei Vollmond darf der Teufel nicht arbeiten. Zur Strafe hatte ihm der Oberteufel sein Gesicht gestohlen und es an den Giebel geklebt. Im Speisezimmer des Hauses aber erschienen jede Nacht zur Geisterstunde die Gespenster des jungen Mädchens und des Kreolen wieder, und jede Nacht wieder ereigneten sich als Spuk diese furchtbaren Verbrechen. Viele Familien versuchten in des Teufels Haus zu wohnen, aber keine ertrug auf die Dauer den nächtlichen Spuk.

Viele Jahre blieb dann des Teufels Haus leer stehen. Und 1930 wurde es endlich abgerissen, da sich immer noch keine Mieter gefunden hatten, die es wagen wollten, mit solchem Spuk unter einem Dach zu leben.

Die Seejungfrauen

Ehe es Dampfmaschinen gab, fuhren die Schiffe noch mit Segeln über die Meere. Der Atlantik war damals noch fünfzehn Meilen tief, und es gab auch in jenen Tagen noch Seejungfrauen. Wenn man nun auf einem Schiff den Namen eines Mannes rief, gleich hörte man sie aus der Tiefe sagen: »Den gib mir.« Und gehorchte man ihnen nicht, zogen sie das Schiff hinunter auf den Meeresboden.

Deshalb mußte der Kapitän seinen Männern die Namen von Gegenständen geben: Beil, Hammer, Tisch, Stuhl. Wann immer er einen Mann brauchte, rief er: »Hammer, komm an Deck und halt Ausschau.« Riefen dann die Seejungfrauen: »Gebt mir den Hammer«, so warf man einen Hammer über Bord, und das Schiff konnte seine Reise ungehindert fortsetzen.

Oder der Kapitän rief: »Axt, troll dich in den Heizraum und leg Kohlen nach.« Dann riefen die Meerjungfrauen: »Wir wollen die Axt haben!« Und also warf man eine Eisenaxt ins Wasser.

Eines Tages aber machte der Kapitän einen Fehler und sagte: »Sam, geh in die Küche und kümmere dich um das Essen.« Sofort meldeten sich die Seejungfrauen und verlangten: »Schickt uns den Sam runter!«

Nun gab es sonst niemanden und nichts an Bord, was Sam hieß, also mußten sie den armen schwarzen Matrosen ins Wasser schmeißen. Die Seejungfrauen fingen ihn sofort. Eine von ihnen, die sehr langes Haar hatte, wickelte ihn darin ein, so daß er nicht naß wurde. Als sie mit ihm daheim angekommen war, wickelte sie ihn wieder aus und sprach: »Huh, du siehst aber hübsch aus, magst du Fisch?« Und Sam spricht: »Nein, ich würde mir nie einen Fisch kochen.« »Schön, dann wollen wir heiraten.« Also hielten sie Hochzeit. Aber nach einiger Zeit ließ Sam sich mit einer anderen Seejungfrau ein, und bald konnte von Jungfrau da nicht mehr die Rede sein. Aber seine Freundin war eifersüchtig auf seine Frau. Die beiden Damen bekamen sich in die Haare. Die Freundin bezog Prügel, und Sams Angetraute sagte zu ihr: »Du darfst Sam nie wiedersehen.« »Warte nur, dir werde ich es noch heimzahlen«, antwortete die Freundin.

Sie trifft Sam wieder und fragt ihn, ob er nicht einmal wieder auf das feste Land zurückwolle. Er sagt ja, da packt sie ihn, wickelt ihn in ihr Haar, und ehe er noch Atem holen kann, liegt er schon auf einer Sandbank vor der Küste.

»Wenn du mir nichts Gutes tun kannst, sollst du ihr auch nichts Gutes tun«, sagt die Freundin noch und schwupp, ist sie wieder hinabgetaucht.

Das waren Sams Erfahrungen mit den Seejungfrauen. Er erzählte den anderen, wie hübsch es da unten gewesen war, alles prima eingerichtet, mit Möbeln und so, aber keine Männer. Und deswegen gibt es auch so wenig Seejungfrauen. Sam sagte auch, sie würden sich rot anmalen, wie das die Frauen in der Stadt heute tun ... die Lippen. In alten Tagen kannten die Leute keinen Lippenstift, aber Sam hat Bilder von den Seejungfrauen gemalt, und so sind auch die Weiber auf dem festen Land hinter diesen Dreh gekommen.

Das Bell-Gespenst in Tennessee und Mississippi

In den Jahren vor dem Bürgerkrieg lebte irgendwo im schönen alten Nord-Karolina ein Mann, der hieß John Bell. Er war Pflanzer, besaß eine große Plantage, mehr als ein Dutzend Negersklaven und viele Maultiere, Kühe und Schweine. Er war verheiratet, und seine Frau hatte ihm drei Töchter geboren. Die älteste Tochter hieß Mary. Als sie dreizehn oder vierzehn Jahre alt war, stellte er auf dem Gut einen Aufseher an, und mit diesem Mann begann alles Unglück.
Der Aufseher hieß Simon Legree. Er war einer jener Männer, die ständig mit allen Menschen Streit suchen und gern ihre Wut und ihren Zorn an ihren Untergebenen auslassen. Es machte Legree auch nichts aus, sich mit seinem Herrn anzulegen.
Man sagt, daß Bell sehr bald den schlechten und streitsüchtigen Charakter dieses Mannes erkannte und ihn entlassen wollte. Aber Legree war andererseits ein fleißiger Arbeiter und auch beliebt bei den Frauen auf dem Hof. Auch will man wissen, daß er ein Auge auf die älteste Tochter Mary geworfen hatte und daß Mrs. Bell für ihn eintrat.
Jedenfalls blieb er, und je länger er blieb, um so aufsässiger und jähzorniger wurde er. Wenn er mit Mr. Bell Streit gehabt hatte, so ließ er hernach seine unterdrückte Wut an den Negersklaven aus, die sich nicht wehren konnten, und es geht die Rede, er sei der übelste Negerschinder gewesen, der je in diesem Staat gelebt hat.
Auch Mr. Bell war ein Mann mit heftigem Temperament, und es ließ sich vorhersehen, daß eines schönen Tages die beiden Streithähne auf Biegen und Brechen aneinandergeraten würden. So kam es denn auch. Der Aufseher hatte einen Neger geschlagen. Bell stellte ihn zur Rede, und als Legree ihn darauf tätlich angriff, erschoß ihn Bell. Der Fall kam vor Gericht, und Bell erklärte, er habe in Notwehr gehandelt und wurde freigesprochen. Damit schien alles wieder seine rechte Ordnung zu haben. Es stellte sich aber bald heraus, daß dem nicht so war.
Zwei Jahre hintereinander wurde die Bellsche Plantage von Mißernten betroffen. Die Maultiere starben an Koliken und seltsamen Krankheiten, gegen die die Tierärzte machtlos waren. Bell mußte all seine Sklaven mit Ausnahme einer alten Frau verkaufen. Endlich mußte er gar Konkurs anmelden. Er behielt zwar nach der Versteigerung seines Besitzes noch etwas Geld übrig, aber viel war es nicht. Und so zog er nach Tennessee, um dort neu anzufangen. Er kaufte sich ein Stück Land, baute sich ein Haus und hatte schon wieder einige

107

Kühe und drei Maultiere im Stall, als auf seinem Hof ein seltsamer Spuk begann.

In der Nacht zeigte sich im Zimmer der Kinder ein Gespenst. Es zog die Bettücher fort, stürzte die Betten um und trieb allerlei Schabernack. Die Kinder konnten den Erwachsenen nicht erklären, was bei ihnen zur Nacht im Zimmer geschah, denn sie wachten nie auf, obwohl sie am Morgen oft auf den Dielen lagen oder das Gespenst sie sogar auf das Fensterbrett gesetzt hatte. Die alte Negerfrau, die noch immer bei der Bell-Familie diente, meinte, der Haß des erschossenen Aufsehers trage die Schuld an diesen seltsamen Vorgängen. Da aber bekannt ist, daß Neger immer zu abergläubischen Erklärungen neigen, hörte niemand auf sie. Schließlich aber erlaubte man ihr, eine Nacht unter eines der Kinderbetten zu kriechen, um von dort aus zu beobachten, was sich zutrug.

Mitten in dieser Nacht fuhren Mr. und Mrs. Bell aus den Betten; ein gellender Schrei hatte sie geweckt. Sie liefen ins Kinderzimmer, fanden dort wieder die Betten umgestürzt, die Bettlaken verstreut und die Kinder schlafend auf dem Fensterbrett und auf einem Schrank sitzend. Mitten im Zimmer aber lag stocksteif und mit weitaufgerissenen Augen, in denen sich noch der Schreck spiegelte, die alte Negerin. Zuerst vermochte sie nicht einmal einen vollständigen Satz hervorzubringen. Dann aber sagte sie: »Schlagt das Gespenst! Um Himmels willen, schlagt das Gespenst! Es warf sich auf mich und stieß mir eine Nadel in den Leib. Es zerrte die Kinder aus den Betten. Sie flogen lautlos durch die Luft. Dann prügelte es mich windelweich. O Gott, wie hat es mich geschlagen. Nie werde ich dieses Zimmer wieder betreten. Nie mehr!«

Man hätte auch all das für Einbildung halten können, wären nicht auf der Haut der Alten überall blaue Flecken und an einer Stelle der Einstich der Nadel zu sehen gewesen.

Die Familie war über diesen Vorfall stark beunruhigt. Die Bells sprachen mit ihren Nachbarn darüber und holten sich Rat. Auch der alte Andrew Jackson, der damals in dieser Gegend wohnte, hörte davon. Er ritt zu Mr. Bell hinüber, um nach dem Rechten zu sehen. Die beiden Männer standen auf dem Hof zusammen, und Jackson hatte gerade erklärt, er halte nichts von Spuk und Geistern, als ihm etwas die Beine vom Boden fortriß und ihn ein paar Meter durch die Luft schleuderte. Auch dieser beherzte Mann war daraufhin so verängstigt, daß er sich von einem Negerjungen den Hut aufheben ließ und sofort wegritt.

Es schien, daß das Gespenst auf dem Bellschen Hof wie ein menschliches Wesen Hunger hatte. Es stahl Nahrungsmittel aus der Speisekammer, und immer waren es die schönsten Stücke und die besten Happen, die es sich holte. Eines Tages kam die alte Negerin in das Wohnzimmer gestürzt und erzählte angstvoll, das Gespenst sei wieder in der Küche und trinke gerade allen Rahm aus. Mrs. Bell wurde zornig. Sie dachte, die Negerin lüge.

»Kommen Sie selbst mit, und sehen Sie«, sagte die alte Frau, »da stehe ich doch am Küchentisch und knete den Teig für die Biskuits, und neben der Teigschüssel steht ein Topf mit Rahm, und wie ich so knete, steigt der Topf plötzlich in die Luft. Der Rahm wird ausgegossen, aber ich kann nicht sehen, wohin.«

»Du bildest dir etwas ein«, sagte Mrs. Bell, aber als sie in die Küche kam und nachschaute, war es so, wie die Alte behauptet hatte. Der Rahmtopf war leer, nur stand er jetzt wieder auf dem Tisch.

Das Gespenst zeigte auch weiterhin einen guten Appetit. Oft geschah es, daß den Kindern ein Brot oder ein Stück Fleisch vom Teller verschwand. Wo immer in der Küche auch die Schüsseln und Töpfe mit Rahm hingestellt werden mochten, das Gespenst entdeckte sie und trank sie aus, ja, einmal öffnete es sogar das Butterfaß und stahl einen großen Klumpen Butter.

Endlich wußte sich die geplagte Familie keinen anderen Rat mehr, als wiederum Haus und Hof aufzugeben und in die Fremde zu ziehen. Mr. Bell wollte nach Mississippi. Er hatte gehört, dort sei der Boden gut und das Land billig. Mrs. Bell aber war dagegen.

»Vater«, sagte sie, »es geht uns doch hier ganz erträglich. Glaubst du, ein Umzug würde das Gespenst daran hindern, bei uns zu erscheinen?«

Und noch ehe Mr. Bell seiner Frau darauf antworten konnte, ertönte hinter dem hohen Lehnstuhl hervor eine unheimliche Stimme, die sagte:

»Nichts in aller Welt wird mich daran hindern, euch heimzusuchen. Wirklich, ihr bleibt besser hier und geht nicht nach Mississippi. Solltet ihr aber nicht auf meinen Rat hören, so gnade euch Gott!«

Zuerst war Mr. Bell vom Schreck wie gelähmt, aber er faßte sich rasch und fragte zurück, warum sie denn nicht nach Mississippi gehen sollten. Das Gespenst gab keine Antwort. Es war aber eine geheimnisvolle Stille im Raum.

Mary, die älteste Tochter, war inzwischen groß genug, um bei Entscheidungen, die die ganze Familie betrafen, ein Wort mitreden zu dürfen. Sie war sehr hübsch und hatte Verstand, und sie stimmte ihrem Vater zu. Mädchen haben es immer gern, umzuziehen. Aber es war die Furcht vor dem Gespenst, die schließlich den Ausschlag gab. Für einige Zeit wurde nicht mehr von dem Umzug gesprochen. Und nun gab das Gespenst auch Ruhe. Es zeigte sich sogar einmal von seiner freundlichen Seite.

Eines Tages wollte Mr. Bell ausgehen, um bei einer anderen Familie, die jenseits des Flusses wohnte, einen Krankenbesuch zu machen. Er sprach darüber mit seiner Frau, als sie von einer Stimme aus der großen Standuhr unterbrochen wurden. »Die Mühe«, sagte die Stimme, »können Sie sich sparen, Mr. Bell. Ich war gerade bei den Leuten. Alle sind wieder gesund und munter.«

Später erfuhr Mr. Bell von seinen Bekannten, daß das Gespenst die Wahrheit gesagt hatte.

Um die Weihnachtszeit wollte Mr. Bell zu einem Fest über Land fahren. Mrs. Bell war krank und konnte nicht mitkommen. Da überlegten die anderen Familienmitglieder, ob sie nicht auch besser daheim bleiben sollten, damit die kranke Mutter nicht allein sei. Mrs. Bell aber meinte, sie sollten nur ruhig fahren. Darauf wurde der Wagen angespannt, und Mr. Bell und die Kinder brachen auf. Sie waren noch nicht weit gekommen, als ein Rad absprang. Es sah aus wie ein ganz gewöhnlicher Unfall. Mr. Bell stieg aus, setzte das Rad wieder ein und prüfte auch alle anderen Räder. Sie fuhren weiter, aber nach kurzer Zeit sprang ein anderes Rad ab. Als auch dieser Schaden behoben war, tanzte plötzlich ein St. Elmsfeuer um den Wagen. Nun lösten sich mit einem Schlag alle Räder. Da wußten sie, daß das Gespenst wieder seine Hand im Spiel hatte und kehrten um. Daheim trafen sie die Mutter in einem Sessel neben dem Weihnachtsbaum an. Sie aß Erdbeeren, die ihr das Gespenst hingestellt hatte, und fühlte sich nun viel besser.

Behandelte das Gespenst Mrs. Bell freundlich, offenbar, weil sie sich gegen einen Umzug nach Mississippi ausgesprochen hatte, so spielte es nun der Tochter, die den Vater unterstützt hatte, allerlei Streiche. Nachts erschien Mary eine Hexe, setzte sich ihr auf das Bett und legte ihre Krallenfinger um den Hals des Mädchens. Auch versteckte ihr das Gepenst oft Kleider oder verzauberte Kleidungsstücke, die Mary trug.

Einmal wollte Mary auf einen Ball gehen. Im Wohnzimmer warteten ein paar junge Burschen auf sie. Sie selbst stand noch in ihrem Zimmer vor dem Spiegel und kämmte sich. Plötzlich verknoteten und verfilzten sich ihre Haare, und wie sorgfältig sie sie auch kämmte, die Strähnen ließen sich nicht entwirren. Verzweifelt lehnte sie sich gegen den Schrank und weinte.

Da hörte sie aus dem Spiegel eine Stimme, die sagte: »Ich habe dir dein Haar verknotet. Ich mag nicht, daß du auf diesen Ball gehst. Ich will, daß du hierbleibst. Und wenn es dir um Komplimente zu tun ist... die kann ich dir auch machen.«

Da schrie Mary auf. Die jungen Burschen stürzten ins Zimmer, und als sie hörten, was vorgefallen war, schossen sie mit Pistolen auf den Spiegel, aber das Glas zersprang nicht. Das Gespenst fing alle Kugeln auf und zauberte sie in die Hosentaschen der Jungen. Da wußten sie, daß tatsächlich ein Geist am Werke war, und zuckten die Schultern:

»Nichts zu machen. Auf Geister haben wir noch nie geschossen.«

Sie liefen davon. Mary aber blieb daheim und ging nicht auf den Ball.

Sie war nun erwachsen, in heiratsfähigem Alter und so schön, daß alle jungen Männer aus der Nachbarschaft ihr den Hof machten. Aber wenn einer ihrer Verehrer sich endlich ein Herz faßte und sie fragte, ob sie seine Frau werden wolle, blieben ihm die Worte jedesmal im Hals stecken und sein Gesicht und seine Ohren begannen wie Feuer zu brennen. Da die jungen Männer sonst nicht so schüchtern waren, kam das häufig vor. Und immer wieder sagten sie sich: »Das nächste Mal willst du es besser machen.« Wenn einer von ihnen dann aber wieder vor Mary stand, versagte er im letzten Moment so kläglich wie zuvor. Sie sagten, das Gespenst müsse daran schuld sein, und gaben es auf, ihre Pferde an den Pfosten vor Bells Haus anzubinden.

Nur einer warb weiter um sie. Er hieß Gardner. Und für jedes Mädchen weit und breit wäre er eine gute Partie gewesen. Er sah gut aus, hatte angenehme Umgangsformen, war reich, besaß viel Land, viele Sklaven und ein Haus so groß wie ein Gerichtssaal, mit vielen weißen Säulen vor der Eingangstür. Er verliebte sich bis über beide Ohren in Mary, konnte seine Gefühle auch zum Ausdruck bringen, und das Mädchen schien seine Neigung zu erwidern.

In diesem Fall änderte das Gespenst nun seine Taktik. Es verlegte sich aufs Verhandeln. Eines Abends, als Gardner unter der großen Zeder vor Bells Haus auf Mary wartete, schien es ihm, als beuge sich ein unsichtbares Wesen vom Baum über ihn herab und berühre seine Schultern. Auch meinte er eine ganz leise, flüsternde Stimme zu hören, die zu ihm sagte:

»Warte einen Augenblick.«

Gardner hatte Angst, stehenzubleiben, aber er hatte noch mehr Angst weiterzugehen.

»Schlag dir Mary aus dem Kopf«, sagte die Stimme.

»Aber warum denn?« fragte Gardner.

»Das solltest du eigentlich nach allem, was du gehört hast,

von selbst wissen. Ich bin auch in sie verliebt. Der Alte wird dir nie seine Tochter zur Frau geben, und was Mary angeht, so kannst du auch ganz sicher sein, daß du dir bei ihr einen Korb holen wirst. Sie wird dich nicht heiraten. Dafür werde ich sorgen. Und sollte es dir einfallen, ihr etwa heute abend einen Antrag zu machen, so wirst du morgen früh so tot wie ein Türklopfer sein.«

Gardner überlegte eine Weile, dann sagte er:

»Ich wünschte, du würdest dich aus deinem Versteck herabwagen und wie ein Mann mit mir reden!«

Da trat der Zederbaum auf ihn zu, machte eine Geste, als ziehe er seinen Hut und sprach:

»Willst du noch mehr Zeugnisse dafür, daß es mich wirklich gibt?«

»Schon recht«, antwortete Gardner, »aber es sieht so aus, als würden wir uns nicht einig. Ich liebe dieses Mädchen. Sie wird meine Frau werden, und müßte ich deshalb bis ans Ende der Welt reisen.«

»Dessen bedarf's nicht«, sagte das Gespenst, »und es wäre auch ganz sinnlos. Wenn du sie wirklich liebst, so kannst du ihre Seele nur dadurch retten, daß du deine eigene Seele rettest. Wenn du dich weiterhin hier blicken läßt, wirst du dein blaues Wunder erleben. Ich werde dich quälen und zwacken. Pack dein Bündel, und mach dich aus dem Staub, so schnell du kannst. Reise, wohin du willst, irgendwohin, wo die Bells nie mehr etwas von dir hören können. Wenn du das tust, werde ich dich nie mehr belästigen. Und mehr noch, am Tag deiner Hochzeit werde ich dir ein Paar Schuhe schenken, auf die du immer stolz sein wirst.«

Gardner verstand zwar nicht, warum das Gespenst ihn erst bedroht und ihm darauf ein Paar Schuhe versprochen hatte, aber die Drohung beeindruckte ihn immerhin so, daß er sein Pferd sattelte und davonritt. Er verließ die Gegend vor Tagesanbruch und reiste in den westlichen Teil des Staates. Jemand anders übernahm für ihn den Verkauf seines Anwesens, und man sagt, daß in der Gegend, in der er sich niederließ, die Stadt Gardner nach ihm benannt worden ist.

Sicher ist jedenfalls, daß er sich an seinem neuen Wohnsitz bald in ein anderes Mädchen verliebte und sich mit ihr verlobte.

Am Morgen seiner Hochzeit wollte er sich ankleiden, fand aber seine Schuhe nicht. Er suchte überall, aber die Schuhe blieben verschwunden. Er war schon ganz verzweifelt und nahe daran, aufzugeben, als eine Stimme zu ihm sagte, er solle einmal im Bett nachsehen. Und tatsächlich, da zwischen den Laken fand er ein Paar funkelnagelneue Schuhe. Er zog sie an und ging seines Weges. Dabei erinnerte er sich an die

Worte des Gespensts und fragte sich, ob er nun wohl ein Paar Siebenmeilenstiefel an den Füßen trage. Sie sahen aber wie ganz normale Schuhe aus. Deswegen lachten ihn auch die Freunde, denen Gardner von diesen Wunderschuhen erzählte, einfach aus und hielten ihn für einen Lügner. Eines Tages aber trug ein Diener Gardners sie aus Versehen zu einem Schuhmacher, und dieser Mann erkannte an Nähten und Schnitt sogleich, daß kein menschliches Wesen solche Schuhe hätte anfertigen können.

Während Gardner immer noch ein wenig seiner Mary nachtrauerte, hatte sich Mr. Bell entschlossen, nun doch nach Mississippi zu ziehen. Er war sich zwar darüber klar, daß er vom Regen in die Traufe kommen könnte, aber vielleicht hoffte er, daß man unter der Traufe weniger naß wird als im Regen. Es mag auch sein, daß ihm Marys Unglück auf der Seele brannte. Mrs. Bell war immer noch dagegen. Das Gespenst meldete sich wieder zu Wort und riet ebenfalls dringend ab. Aber zu diesem Zeitpunkt hatten sich die Bells schon an das Gespenst gewöhnt und empfanden es als selbstverständlich, daß es sich in alles und jedes einmischte. Die alte Negerin aber erklärte den Bells, das Gespenst wolle deswegen nicht nach Mississippi, weil es in dieser Gegend Hexenjäger gibt.

Im Herbst, als die Ernte eingebracht war, verkaufte Bell sein Anwesen. Das alte Negerweib riet ihm, mit dem Umzug noch bis zum Frühjahr zu warten. Karfreitag sei der beste Tag, um aufzubrechen, denn dann müßten auch Gespenster für drei Tage in ihre Gräber zurück, und falls es böse Gespenster seien, würden sie dann sogar dazu verurteilt, noch länger unter der Erde zu bleiben.

Bell hörte auf den Rat der Negerin. Am Karfreitagmorgen sehr zeitig brach er mit zwei Wagen voller Hausrat auf. Er selbst bestieg den vordersten Wagen zusammen mit seiner Tochter Mary, während einer seiner Knechte und die schwarze Dienerin auf dem letzten Wagen fuhren. So kamen die Bells nach Mississippi. Sie ließen sich in Panola County, zehn Meilen östlich von Batesville, an der Oxford-Straße nieder und hofften, daß nun endlich einmal ein Leben ohne Geistererscheinungen beginnen werde. Aber das Gespenst war schnell wieder da. Nachts erschien es im Schlafzimmer des Ehepaars und teilte den Eltern mit, daß es in Mary verliebt sei und sie heiraten wolle. Mr. Bell war entsetzt. Er erklärte ruhig, aber entschieden, nie werde er zulassen, daß seine Tochter ein Gespenst heirate.

»Du schuldest mir etwas«, sagte das Gespenst, »du und die Deinen schulden mir etwas.«

Und seine Stimme klang hohl und tief. Damit war ein Punkt

berührt, bei dem Mr. Bell vielleicht kein ganz reines Gewissen hatte. Jedenfalls antwortete er nun:

»Hast du schon mit Mary gesprochen?«

»Nein, ich habe noch nicht mit ihr gesprochen.«

»Glaubst du denn, daß sie dich heiraten würde?«

»Ich weiß nicht«, sagte das Gespenst, »aber es gibt keinen Grund, warum sie mich nicht lieben sollte. Sie würde mich ja nie sehen. Vielleicht würde sie sich auch geehrt fühlen, mit einem Gespenst verheiratet zu sein. Nicht viele Frauen haben ein Gespenst zum Mann, nicht wahr. Und dann würde sie vielleicht berühmt werden.«

»Ich lege keinen Wert darauf, daß meine Tochter auf diese traurige Art und Weise berühmt wird«, sagte Mr. Bell, »und außerdem, wie soll es denn werden, wenn ihr Kinder bekommt. Wie würden denn diese Kinder aussehen? Wie du oder wie sie? Vielleicht wären sie sogar zur Hälfte Menschen von Fleisch und Blut und zur Hälfte unsichtbar, was? Nein, nein. Ich gebe dir meine Tochter nie und nimmer.«

»Aber ich liebe Mary, vergiß das nicht. Ich liebe sie sehr.«

»Ich auch, und eben darum wirst du sie nicht heiraten. Außerdem, wenn sie einmal alt sein wird, würdest du sie bestimmt verlassen. Nein, wenn Mary heiratet, dann einen Menschen von Fleisch und Blut.«

»Also gut«, sagte das Gespenst sehr entschieden, »ich sehe, John Bell, daß ich dir als Schwiegersohn nicht genehm bin. Aber die letzte Entscheidung kannst du nicht treffen. Du mußt sie deiner Tochter überlassen. Ich werde jetzt zu ihr gehen und mit ihr sprechen. Eines schönen Tages wirst du noch einmal froh sein, mich zum Schwiegersohn zu bekommen. Sollte ich aber von Mary abgewiesen werden, so wird viel Leid über euch kommen, sehr viel Leid.«

Was das Gespenst zu Mary sagte und was Mary dem Gespenst antwortete, wird immer ein Geheimnis bleiben.

Aber am nächsten Tag bemerkte die Familie, daß ihre älteste Tochter wie geistesabwesend umherlief. Sie ging durch das ganze Haus und dann durch den Garten zu der alten Zeder und all dies mit einem Gesichtsausdruck, als ob sie schlafwandle. Jegliche Farbe war aus ihrem Gesicht gewichen. Es war, als versuche sie etwas zu entdecken, das eigentlich hätte dasein sollen, aber nicht da war.

Jeden Tag von nun an stand sie später auf, und jeden Abend ging sie zeitiger zu Bett. Und eines Tages verließ sie das Bett gar nicht mehr. An diesem Abend rief das Käuzchen in der großen Zeder vor dem Balkon. Später in der Nacht bekam sie hohes Fieber.

»Wir müssen den Arzt rufen«, sagte Mrs. Bell.

»Bei dem schlechten Zustand der Straßen wird es fünf Stunden dauern, ehe ich mit dem Arzt zurück bin«, sagte Mr. Bell, »aber du hast recht, ich will, statt mit dem Wagen zu fahren, ein Pferd nehmen und zu ihm reiten. Aber schon wenige Augenblicke später trat der Arzt ins Zimmer. Die Standuhr schlug gerade eins. Mr. und Mrs. Bell sahen sich verblüfft und schaudernd an.

»Sie erwarten mich doch«, sagte der Arzt, und dann berichtete er:

»Es war gegen Mitternacht, als jemand an mein Fenster klopfte und mir zurief, ich solle eilig zur Bell-Familie kommen. Als ich zur Tür ging, war niemand draußen. Aber ich dachte mir, es sei sicherer, wenn ich trotzdem mal bei Ihnen vorbeischaue.«

Er war ein junger Arzt. Verwundert erzählte er, daß die Straße, über die er kurz vor Weihnachten schon einmal geritten sei und die sich damals in sehr schlechtem Zustand befunden habe, heute einer Rennbahn geglichen habe.

»Ich konnte die Wegstrecke, für die ich sonst drei Stunden brauche, in einer Stunde zurücklegen«, sagte er, »also, wer ist krank hier?«

»Es sind die Nerven«, sagte er zu den Eltern, nachdem er Mary untersucht und befragt hatte, »ich will Ihnen nicht verhehlen, daß es schlecht steht. Medizin wird da nicht helfen. Seien Sie geduldig und freundlich mit Ihrer Tochter. Muntern Sie sie auf und haben Sie Geduld mit ihr. Ich werde ihr etwas verschreiben, damit sie ruhig schläft. Es muß immer jemand bei ihr sein. Sie ist jung und kräftig, mit der Zeit wird sie schon darüber hinwegkommen.«

Aber Mary wurde nicht wieder gesund. Monatelang lag sie in ihrem Bett und starrte vor sich hin, als ob sie etwas sehen wolle, das weit fort war. Bei Nacht wachten ihr Vater und ihre Mutter an ihrem Bett. Der Arzt kam noch ein paarmal. Er schüttelte den Kopf und sagte, hier könne er nicht helfen.

Eines Nachts wachte die Mutter bei ihr. Sie strich ihr über die Stirn, als Mary sich plötzlich aufrichtete, die Mutter zurückstieß und zum Fußende des Bettes schaute, so als stände dort jemand.

»Mama«, flüsterte sie, »Mama ... ich sehe ihn ... vielleicht ... denke ich ... vielleicht ... kann ich ihn doch liebhaben.« Dann starb sie mit einem Lächeln.

Es gab Leute, die ihren seltsamen Tod zu erklären versuchten. Einige meinten, das Gespenst habe sie zu Tode gequält. Es habe sie ständig in solchen Schrecken versetzt, daß sie schließlich wahnsinnig geworden sei.

Andere wollten gehört haben, daß der Schulmeister eifersüchtig auf Gardner gewesen sei und er Mary und ihren Eltern allerlei tückische Streiche gespielt habe. Es gibt auch Leute, die wissen wollen, daß sie den toten Aufseher geliebt habe und zwar auch noch als Geist.

Sicher ist nur, daß sie starb. Und man erzählt sich, daß bei ihrem Begräbnis ein großer schwarzer Vogel über dem Leichenwagen schwebte. Um seinen Hals soll er eine kleine Glocke getragen haben, die ein trauriges Geläut gab, das jeder ganz deutlich vernehmen konnte. Auf dem Friedhof soll der Vogel vor der ganzen Trauergemeinde her zum Grab gehüpft sein, und auch dort läutete er weiter seine traurige Glocke, bis der Sarg mit Erde bedeckt war.

IV Protestgeschichten

> »In der Folklore sagen wir, was es in Wahrheit bedeutet, ein Neger zu sein ... und dies mit einer Komplexität der Vision, die sich sonst selten in unserer Literatur findet. Wir gewinnen Abstand vom Chaos unserer Erfahrung und von uns selbst, wir erkennen den Humor und den Schrecken unseres Lebens.«

Ralph Ellison

Weiß gewinnt immer

In den Jahren nach dem Amerikanischen Bürgerkrieg gingen einmal ein weißer Mann und ein schwarzer Mann zusammen auf die Jagd. Sie hatten ausgemacht, die Jagdbeute brüderlich untereinander aufzuteilen.

Am Ende des Tages hatten sie nur zwei Vögel geschossen, einen wilden Truthahn und einen Truthahnbussard, wie man im Süden eine große Krähenart nennt. Als es nun ans Teilen ging, machte der weiße Mann folgenden Vorschlag:

»Nun, Onkel Pete«, sagte er zu dem Neger, »ich überlasse dir die Wahl ... entweder den Truthahn für mich und den Truthahnbussard für dich, oder den Truthahnbussard für dich und den Truthahn für mich.«

»Sag das noch einmal, Boß.«

Der weiße Mann wiederholte seinen Vorschlag leicht verändert.

»Ich sage ... den Truthahnbussard für dich und den Truthahn für mich, oder den Truthahn für mich und den Truthahnbussard für dich.«

Der schwarze Mann tat so, als müsse er sein Gehör und seinen Verstand anstrengen, um zu begreifen und sagte:

»Gebt mir die Worte noch mal, Boß.«

Der weiße Mann sprach:

»Du kannst wählen, wie es dir gefällt, Onkel Pete — Truthahn für mich, Truthahnbussard für dich, oder wenn dir das nicht recht ist: den Bussard für dich und den Truthahn für mich.«

Als der Schwarze den weißen Mann etwas verblüfft ansah, meinte er:

»Nun, was ist denn? Du kannst dich wirklich und wahrhaftig frei entscheiden.«

»Mir ist aufgefallen«, sagte der schwarze Mann ruhig, »daß in all den vielen Vorschlägen, die du gemacht hast, es nicht ein einziges Mal hieß: den Truthahn für Onkel Pete!«

Pferdefliege

Ein weißer Reisender fuhr in Alabama mit einem schwarzen Farmer über Land. Ein bestimmtes Insekt umschwirrte den Kopf des Pferdes und den Kopf des Reisenden.

»Onkel, was ist denn das für ein Viech?«

»Nur 'ne Pferdefliege, Boß.«

»Pferdefliege? Was ist das?«

»Nur 'ne Fliege, die immer um die Köpfe von Pferden, Maultieren und Eseln herumbrummt.«

Als das Insekt weiter dem Vertreter um die Ohren surrte, sah er eine Gelegenheit, sich mit dem Schwarzen anzulegen.

»Nun, Onkel, du willst doch nicht etwa sagen, daß ich ein Pferd bin!«

»Nein, nein, Boß. Sie sind ganz gewiß kein Pferd!«

»Soll das heißen, daß du mich ein Maultier nennen willst?«

Der schwarze Farmer sah etwas irritiert drein:

»Nein, hab ich nicht behauptet.«

Darauf rief der weiße Mann aufgebracht:

»Also hör mal, Onkel. Schau mich an. Sieht etwa so ein Esel aus? Ich will nicht hoffen, daß du vorhattest, mich einen Esel zu nennen.«

»Nein, nenn Euch keinen Esel und Ihr schaut auch in meinen Augen nicht wie ein Esel aus — aber andererseits, Boß ... eine Pferdefliege läßt sich nicht an der Nase herumführen.«

Ein Schwein

Onkel Zeke besaß ein Schwein. Ein weißer Mann kam des Weges, fand Gefallen an dem Tier, kaufte es, lud es auf seinen Wagen und fuhr dann die Straße hinunter. Aber der Wagen ging hinten auf, das Schwein sprang heraus und kam zurückgelaufen. Später kam ein anderer Weißer und kaufte dasselbe Schwein und wieder kam das Tier zurück. Endlich kam ein dritter Weißer des Weges, kaufte das Schwein und brachte es in seinen Schweinestall.

Unterdessen suchten die beiden ersten Käufer nach ihrem Schwein.

Sie fanden es im Stall des dritten Mannes. Es erhob sich ein Streit, wem das Schwein gehöre. Um einig zu werden, trugen die drei Männer das Schwein zu Onkel Zeke.

Der erste Käufer sagte: »Onkel Zeke, hab ich nicht von dir ein Schwein gekauft?«

»Jawoll«, antwortete Onkel Zeke.

Der zweite Käufer sagte: »Schau mal her, Onkel Zeke, dieses Schwein habe ich doch von dir gekauft, oder?« »Jawoll«, antwortete Onkel Zeke und sog an seiner Pfeife.

Sagte der dritte: »Zeke, ich habe heute morgen dieses Schwein von dir gekauft.«

»Jawoll.«

Darauf alle drei: »Ja, um des lieben Friedens willen, Zeke, nun sag uns doch bitte, wem dieses Schwein gehört?«

Onkel Zeke nahm die Pfeife aus dem Mund, blickte voller Verachtung über die törichte Frage etwas mißmutig drein und sagte dann:

»Nun, vor Gott und Jakob! Können denn nicht drei gebildete weiße Leute diese lächerliche Frage unter sich selbst ausmachen?«

Law & Order

In einer kleinen Stadt des amerikanischen Südens war eine Menschenmenge gerade dabei, einen schwarzen Mann zu lynchen, als ein sehr würdiger alter Richter erschien.

»Macht das nicht«, sagte er, »aus dieser unüberlegten Handlung fiele ein Makel auf die reine Ehre unserer schönen Gemeinde. Ihr müßt anders vorgehen«, fügte er hinzu, »laßt diesen Nigger sein faires Gerichtsverfahren haben und lyncht ihn dann.«

Weiße Frau

Es war einmal ein Neger in Atlanta, der wollte Selbstmord begehen. Also ging er eines Tages die Hauptstraße hinunter und fuhr mit dem Frachtenaufzug bis zum Dachgeschoß des höchsten Wolkenkratzers in Georgia. Es war damals den Schwarzen noch verboten, die Personenaufzüge zu benutzen, aber er war wild entschlossen, seinen Selbstmord auszuführen, und daran sollte ihn auch keines der Gesetze zur Rassentrennung abhalten.

Also fuhr er mit dem Lastenaufzug hinauf.

Als er auf dem Dach des Gebäudes stand, zog er den Mantel aus, holte tief Atem und sprang. Er wirbelte durch die Luft und sah schon unten den Bürgersteig auf sich zukommen, als er bemerkte, daß eine weiße Frau um die Ecke bog. Da sagte er sich: »Joe, du weißt, man soll sich nicht auf eine weiße Frau stürzen« — also machte er eine Kurve und flog wieder aufwärts.

Süden

Es war einmal eine junge Frau in Harlem, die erwartete ihr erstes Kind. Und als das Ereignis heranrückte, beschloß sie, in den Süden zu fahren, wo sie ihre Kindheit verbracht hatte, und dort ihr Kind zur Welt zu bringen. Ihr Ehemann versuchte, sie davon abzuhalten, in ihre Heimat zu reisen. Er erklärte ihr, daß in Harlem die Krankenhäuser besser eingerichtet seien, daß es keine Rassentrennung in den Hospitälern gäbe und daß deswegen farbige Ärzte auch ihre Patienten behandeln könnten, während im Süden, wo es den schwarzen Ärzten immer noch verboten ist, bestimmte Krankenhäuser zu betreten, sie vielleicht ein weißer Arzt entbinden werde. Trotzdem beharrte sie darauf, heim zu ihrer Mutter zu fahren.

Sie reiste ab, und in Harlem wartete ihr Mann auf eine Nachricht, daß das Kind zur Welt gekommen sei. Keine Nachricht kam. Der neunte Monat verstrich. Der zehnte Monat ging vorüber. Endlich rief er seine Frau an, und sie berichtete ihm, daß sie immer noch auf die Geburt des Kindes warte. Der Mann sagte ihr, da müsse etwas nicht in Ordnung sein. Er riet ihr, auf jeden Fall in ein Krankenhaus zu gehen und sich untersuchen zu lassen. Auch die weißen Ärzte in diesem Krankenhaus im Süden wunderten sich, daß das Kind noch nicht auf der Welt war. Sie setzten ihre Instrumente auf den Leib der Frau, um die Herztöne des Kindes abzuhören. Aber sie hörten etwas ganz anderes, das sie staunen machte. Ganz deutlich ertönte da eine Stimme, die den Blues sang:

Ich will hier unten nicht geboren werden. Nein Sir!
Ich will hier unten nicht geboren werden.
Wenn ihr wissen wollt, was das alles zu bedeuten hat —
Solange der Süden der Süden ist, komm ich nicht heraus.
Nein, ich will hier nicht geboren werden.

Die Frau fuhr nach New York zurück und brachte dort ihr Kind zur Welt. Die Leute in Harlem schwören, das sei ein kluges Kind gewesen.

Noch gut dran

Zwei Männer standen an der Straßenecke. Der eine war weiß und der andere schwarz. Der Weiße sagte: »Ich hab in letzter

Zeit nichts als Sorgen. Mein Haus ist abgebrannt, und ich war nicht versichert. Meine Frau ist mir davongelaufen, mit meinem besten Freund, und das Auto, das noch nicht einmal vollständig bezahlt war, haben sie auch gleich mitgenommen. Und gerade hat mir der Arzt gesagt, daß ich ins Krankenhaus muß, zu einer schweren Operation. Wenn das kein Pech ist, dann weiß ich auch nicht.« Der Schwarze schaute ihn an und sagte: »Was regen Sie sich auf? *Weiß* sind Sie doch, oder?«

Samstagabend

Ein Yankee kaufte einmal eine Plantage im Staate Mississippi, und es gab vieles, was er am Verhalten der schwarzen Landarbeiter nicht begriff. Unter anderem verstand er auch nicht, wie wichtig für sie der Samstag war. Man bekommt an diesem Tag Geld, hat einen Tag frei und kann am Abend in die Stadt gehen. Schließlich fragte der Mann aus dem Norden einen sehr alten Mann, der für ihn arbeitete, warum sich denn die Schwarzen so sehr auf den Samstag freuten. Der Alte antwortete:
»Herr, ich kann Ihnen nur sagen, wenn Sie nur einen Samstag ein Neger wären und besonders einen Samstagabend lang, würden Sie bestimmt in dieser Welt nie mehr ein weißer Mann sein wollen.«

Vater und Sohn

Der junge Humman Talmadge, Senator von Georgia, der als Gouverneur dieses Staates in die Fußstapfen seines Vaters trat, regte sich ungeheuer darüber auf, als der Oberste Gerichtshof die Beseitigung der Rassentrennung in Schulen und Autobussen verfügte. Er wußte sich keinen Rat mehr, wie er nun regieren sollte. Also beschloß er, sich mit seinem Vater in Verbindung zu setzen, der gestorben war, noch ehe der Oberste Gerichtshof dieses Urteil gefällt hatte. Der alte Talmadge stand weit und breit in dem Ruf, gewußt zu haben, wie man die »Nigras« an ihrem Platz hält.
Es war für den jungen Humman nicht leicht, bis in die Welt

der Geister durchzudringen, aber endlich hatte er Verbindung mit dem alten Gene und sagte:
»Vater, ich habe schon lange versucht, mal wieder mit dir zu reden.«
Gene antwortete: »Mir geht's nicht anders, Sohn, denn sie machen mir hier unten auch noch den Tod zur Hölle.«
Humman sagte: »Pappy, wir haben hier in Georgia die Hölle auf Erden, und was ich von dir gern gewußt hätte, ist, was ich gegen die verdammten Nigras tun soll.«
Sprach der alte Gene:
»Sohn, behandle sie daheim nicht zu hart, denn der Oberteufel hier unten ist ein Neger, und er macht mir sonst die Hölle heiß.«

In Arkansas

Das hat sich zugetragen in Corning, Arkansas. Ein Neger kam durch den Ort. Es war die Zeit der Baumwollernte, aber es leben in Corning keine Neger. Man duldet keine dort. Sie mochten nicht, daß jemand diesen Neger anstellt zum Baumwollpflücken. Ein großer weißer Mann, eine Pistole in der einen und einen Prügel in der anderen Hand, kam zur Eisenbahnstation. Er rief den Neger an und sagte: »Weißt du nicht, daß wir hier keine Nigger dulden?«
Der Neger sagte: »Nein, Boß, das habe ich nicht gewußt.«
Der Weiße sagte: »Ich werde dich nicht töten. Ich werde dich nur verprügeln, damit du an diesen Ort denkst und nie mehr hierher zurückkommst.«
Und weiter sprach er:
»Ehe ich dich verprügele, will ich sehen, ob du über diesen Zaun springen kannst.«
Es gab dort einen Zaun, der war sechs Fuß hoch, und der Weiße sprach:
»Also, wenn ich dir sage, spring über den Zaun, dann springst du. Und wenn ich sage ›wieder zurück‹, dann springst du von der anderen Seite. Aber versuche nicht, fortzulaufen, sonst schieße ich dich über den Haufen.«
Er schärfte ihm das ein.
»Hast du's verstanden? Wenn ich sage ›rüber‹, springst du. Wenn ich sage ›wieder zurück‹, springst du wieder. Du darfst den Zaun nicht berühren. Und wenn ich sage ›halt!‹, dann hörst du auf.«
Sie fingen an. Der Weiße sagte: »Rüber!« Der Neger sprang

rüber. Er sagte: »Wieder zurück!« Und der Neger sprang zurück. So ging das eine Weile. Bis der Neger einmal beim Sprung mitten über dem Zaun war. Da rief der Weiße »Halt!«. Der Neger blieb in der Luft über dem Zaun stehen. Was sollte er anderes tun? Er wußte, der weiße Mann hätte ihn sonst erschossen. Und so hängt der Neger immer noch dort in der Luft über dem Zaun.

Schnelle Abreise

Auch diese Geschichte hat sich in Corning, Arkansas, zugetragen. Zu dieser Zeit durften sich dort keine Neger aufhalten. Ein schwarzer Mann lief über die Eisenbahngleise. Ein Weißer sah ihn und hielt ihn fest, bis die Männer kamen, die die Neger in die Mangel nehmen. Zuerst wollten sie ihn auspeitschen, aber dann beschlossen sie, ihn tanzen zu lassen. Als der Neger getanzt hatte, bis ihm die Luft wegblieb, sagte ein Weißer mit einem dieser großen Hüte: »Nigger, wir werden dich nicht auspeitschen. Aber du nimmst den nächsten Zug, der hier durchkommt, verschwindest und läßt dich nie wieder blicken. Verstanden?« Der Neger antwortete:
»Boß, wenn Ihr mich nicht auspeitscht und mich gehen laßt, nehm ich auch den Zug, der schon vor zehn Minuten abgefahren ist.«

Rechnungsfehler

Das geschah auf einer großen Plantage in Mississippi mit lauter Negerpächtern. Abgerechnet wurde nur alle sieben oder acht Jahre. Ein Neger, der George Jackson hieß, konnte weder lesen noch schreiben. Auch seine Frau konnte es nicht. Aber sie wohnten an der Hauptstraße, die von den Pächterhäusern zum Hauptquartier (Haupthaus des weißen Besitzers) führte. In diesem Jahr wollte der Boß abrechnen. Und diesem Mann gab der Boß eine Aufstellung, und daran war ein Scheck über 750 Dollar geheftet. Jackson nahm die Papiere mit heim. Er und seine Frau sahen sie an. Da es die erste Abrechnung war, die sie seit sieben Jahren zu Gesicht bekommen hatten, wußten sie nichts damit anzufangen. Aber es gab andere Neger, die lesen und schreiben konnten, und sie kamen auf dieser Straße vorbei. Und als sie daheim die Abrechnungen besahen, fanden sie Fehler. Also liefen sie wieder zum Hauptquartier, um zu reklamieren, und dabei mußten sie an Jacksons Haus vorbei.

»He, Kumpel, wo willst du hin?«

Und alle antworteten: »Ich hab 'nen Fehler gefunden. Ich geh zum weißen Herrn. Er soll die Abrechnung verbessern.«

Einer erklärte Jackson, auch in seiner Abrechnung stecke ein Fehler. Also ging Jackson in sein Haus und sagte zu seiner Frau Mandy:

»Gib mir mal die Abrechnung her. Issn Fehler gemacht worden. Ich geh zum Boß und laß ihn verbessern.«

Als er das Büro betrat, fragte der Boß:

»Na, Onkel George, was hast du für Sorgen?«

»Ich glaub', is 'ne Fehler in meiner Abrechnung.«

Der Boß wußte, daß George Jackson weder lesen noch schreiben noch rechnen konnte. Er war nur zurückgekommen, weil die anderen auch alle gekommen waren.

Der Boß nahm die Abrechnung, sah sie an, dann sagte er:

»Also, Onkel George. Ich habe den Fehler gefunden. Ich habe dir 20 Dollar zuviel gezahlt.«

»Ich wußte es doch, ich wußte es doch«, sagte George.

Bleib weg von meiner Weide

Es war einmal ein Farmer auf einer Plantage in Mississippi, der hatte dreizehn Kinder. Er und seine Frau waren schwarz. Die dreizehn Kinder hatten auch schwarze Haut, aber das vierzehnte Kind, das zur Welt kam, war hellhäutig. Der Vater regte sich ziemlich auf und wurde wütend auf den Boß. Also beschloß der Boß, zu ihm hinauszugehen und die Sache mit ihm zu besprechen. Er sagte: »John, ich habe festgestellt, du bist nicht mehr der John, der du die letzten zwanzig Jahre gewesen bist. Sag mir mal, was mit dir los ist?«

John sprach: »Nun, all meine dreizehn Kinder haben dieselbe Hautfarbe, und dann kam das vierzehnte Kind auf die Welt und war halb weiß. Ich kann das nicht begreifen.«

»Darüber mußt du dir keine Gedanken machen, John«, sagte der Boß, »du weißt, ich habe eine Schafherde, genau vierhundert Tiere. Sie sollten alle weiß sein, aber ab und zu ist auch mal ein schwarzes Schaf drunter. Da reg ich mich doch auch nicht auf. Sie sind meine Schafe, und dies sind deine

125

Kinder. Mußt dir wegen deiner Kinder keine Sorgen machen. Versprich mir das. Willst du mir das versprechen?«

»Ja. Unter einer Bedingung. Wenn du aus meinem Haus bleibst, bleib ich von deiner Weide weg.«

Nie eine Badewanne gesehen

Ein Neger in Mississippi lebte auf einer Plantage. Er war fünfundsiebzig Jahre alt geworden und hatte die Plantage nie verlassen. Der Boß rief ihn zu sich und sagte: »John, du warst dein ganzes Leben auf dieser Farm. Du warst schon hier, ehe ich auf die Welt kam. Ich will, daß du jetzt aufhörst zu arbeiten. Ich bau dir ein kleines Haus in der Stadt, für dich und deine Frau, und für den Rest eurer Tage komme ich für euren Lebensunterhalt auf.«

Der Boß baute das Haus, der Neger zog in die Stadt, aber er zog in das Haus ein, ehe es ganz fertiggestellt war. Ein oder zwei Tage später rief der Boß eine der Installationsfirmen an und bestellte für das Haus eine Badewanne. Die Firma sollte sie anliefern und unter dem Vordach abstellen.

Ein Lastwagen fuhr vor Johns Haus vor, zwei Männer stiegen aus, sagten, sie hätten was abzugeben, was der Boß bestellt habe. John besah sich, was da abgeladen wurde und dann meinte er:

»He, sagt dem Boß, wenn er schon ein Boot für mich schickt, brauch ich auch ein Paar Ruder dazu!«

Mutterwitz

Während der Schlacht bemerkte der General eines Negerregiments, daß einer seiner Männer ihm ganz besonders ergeben zu sein schien. Er folgte ihm überall hin. Nach dem Gefecht sagte er:

»Nun, Mann, du bist mir heute angenehm aufgefallen. Du hast dich immer an meiner Seite gehalten.«

»Ja, Sir«, erwiderte der Soldat, »meine Mutter in Alabama hat zu mir gesagt: Halt dich immer an die Generäle, dann wird dir nie was geschehen!«

Rotes Licht

Ein schwarzer Mann in einer Stadt im Staate Mississippi wurde von der Polizei verhaftet, weil er bei rotem Licht über die Straße gegangen war. Gefragt, warum er nicht gewartet habe, bis grünes Licht sei, erklärte er:
»Ich sah die weißen Leute bei grünem Licht über die Straße gehen. Da dachte ich, das rote Licht sei das Zeichen für uns schwarze Leute.«
Der Richter sprach ihn frei.

Kälteres Eis

Manche Leute sind Narren. Hört diese Geschichte, und dann urteilt selbst. Es war einmal ein Neger in einer kleinen Stadt im amerikanischen Süden, der stellte Speiseeis her, und alle Leute am Ort, ob schwarz oder weiß, kauften bei ihm, denn er war freundlich und hatte gute Waren. Das sah ein weißer Mann, und er sagte sich: »Ich will auch einen Eissalon aufmachen. Was dieser Neger kann, kann ich auch und schon lange und erst recht.«
Gesagt, getan. Der weiße Mann eröffnete einen Eissalon. Er nahm höhere Preise, und seine Ware war nicht so gut wie die des schwarzen Eishändlers, aber trotzdem, von nun an kauften alle Weißen bei dem weißen Eishändler. Einmal traf ein kleiner farbiger Junge einen kleinen weißen Jungen. Sie besaßen beide zehn Cent und wollten sich dafür Eis kaufen.
»Ich geh zu dem schwarzen Eishändler, da bekomme ich für zehn Cent zwei Kugeln Eis. Bei dem weißen Eishändler gibt es nur eine Kugel«, sagte der kleine farbige Junge. »Schon möglich«, meinte der kleine weiße Junge, »aber ich gehe trotzdem zu dem weißen Eishändler. Meine Mutter hat gesagt, sein Eis sei viel kälter als das aus dem schwarzen Eissalon!«

Die Weißen erziehen

Lehrmittel, die für eine von Schwarzen besuchte Schule bestimmt waren, wurden dieser fortgenommen und an eine weiße Schule gegeben. Der Schulrat erklärte den farbigen

Lehrern umständlich, warum er diese Entscheidung gutgeheißen habe. Der Rektor der schwarzen Schule wollte seinem weißen Vorgesetzten nicht offen widersprechen. Also sagte er: »Es ist klar. Was wir am dringendsten brauchen, sind wohlerzogene Weiße.«

Die eigene Soße

Es war einmal ein Schwarzer, der arbeitete für einen Doktor unten in den Südstaaten. Der Arzt verließ seine Wohnung jeden Morgen schon vor dem Frühstück, und der Neger mußte ihm dann sein Frühstück in sein Büro bringen. Eines Morgens schaute der Arzt von seinem Büro, das im ersten Stock lag, hinunter auf die Straße. Er sah den Neger unten mit dem Frühstück kommen. Der Neger nahm ein Biskuit vom Teller, tauchte es in die Soßenschüssel und aß es. Als er das Zimmer betrat, prügelte ihn der Doktor durch und erklärte ihm, er sei entlassen.
»Ich lasse nicht zu, daß ein Nigger meine Soße aufschlürft. Mach, daß du fortkommst, und schau, daß du selbst zu deiner Soße kommst.«
Der Neger ging. Er zog von Mississippi nach Arkansas. Im ersten Jahr verdiente er dort als Farmer gutes Geld. Er kaufte sich Maultiere und einen Pflug. Im folgenden Jahr war die Ernte wieder gut. Er konnte sich 40 acres Land kaufen, ein Pferd, einen Wagen und schöne Kleider. Im nächsten Jahr fuhr er zurück in die Stadt in Mississippi, aus der er gekommen war. Er traf den Doktor, für den er früher gearbeitet hatte. Der Weiße war sehr erstaunt, als er den Neger sah... in einem neuen Wagen, mit einem hübschen Pferd davorgespannt.
»Was machst du jetzt, John?« fragte er.
»Ich habe 'ne Farm.«
»Für wen arbeitest du da?«
»Für mich selbst.«
»Und wem gehören der Wagen und das Pferd?«
»Die gehören mir.«
»Und du betreibst auch wirklich die Farm für dich?«
»Ja.«
»Und es ist dein Land?«
»Ja.«
»Nun, John, sag mal, was machst du eigentlich in Arkansas?«
»Ich schlürf meine eigene Soße.«

Strafen

Ted Uptegrove, der in Cass eine Kneipe für Farbige betreibt, erzählte mir, daß sich dies in Hazlehurst, Mississippi, nahe dem Golf von Mexiko zugetragen hat. Es gab da drei schlimme Burschen, einen Alten und zwei Söhne, alles ganz üble Kerle. Sie waren hinter einem Weißen her, der Willie hieß. Er hatte draußen auf dem Land einen von ihnen mal verprügelt. Sie ritten also auf ihren Maultieren in die Stadt und suchten Willie. Er hatte eine 30-30 Winchester. Sie gaben einen Schuß ab, ehe sie ihn fangen konnten. Den nächsten Schuß feuerte Willie. Er tötete den alten Mann. Der zweite Sohn lief davon. Willie schoß ihm durch die Hüfte. Er starb dann auch. Der andere Junge versteckte sich hinter einem Maultier. Und Willie verwundete ihn und tötete das Maultier.
Die Sache kam vor Gericht. Willie bekam fünf Dollar Strafe, weil er das Maultier erschossen hatte, und fünfzig Cent mußte er blechen, weil die zwei Schwarzen tot waren.

Diener

Nach dem Bürgerkrieg, als die Sklaven freigelassen worden waren, suchten zwei junge Negerinnen eine Anstellung. Die weiße Frau, bei der sie vorsprachen, fragte sie:
»Könnt ihr kochen?«
»Nein, wir können nicht kochen. Polly kochte.«
»Könnt ihr waschen?«
»Nein, waschen können wir nicht. Das hat Tante Sally gemacht.«
»Könnt ihr dann wenigstens putzen und aufräumen?«
»Nein, bei uns wurde nicht geputzt oder aufgeräumt.«
»Ja, was zum Teufel, habt ihr dann auf der Plantage, auf der ihr als Sklaven ward, eigentlich getan?« fragte die weiße Frau.
»Sukey mußte schauen, daß sich keine Fliegen auf des Herrn Glatze setzten, und ich mußte immer für die alte Herrin die Brille suchen.«

Herr Maultier

Ich kannte mal einen Mann, sie nannten ihn Mister Weiß, der hatte eine Plantage, die war ungefähr 50 oder 60 Quadratmeilen groß, und er wollte keinen Neger auf seinem Land sehen. Die Regierung baute eine Straße durch dieses Land. Eine große Straße, eine große Straße, auf der jeder fahren, die jeder benutzen kann. Was tut er? Er baut eine Spezialstraße, rund um seine Plantage herum, und dort, wo die Spezialstraße von der großen Straße abzweigt, stellt er ein Schild auf, auf dem steht: »Neger hier abbiegen!«

»So einen habe ich auch gekannt ... gut gekannt«, murmelte Leroy.

»Na, und dieser Mister Weiß duldete auf seiner Plantage auch nur weiße Zäune. Und die Bäume ließ er auch weiß anstreichen. All seine Rinder, seine Schafe, Ziegen, Schweine, Pferde, überhaupt alles auf seiner Farm war weiß. Jedesmal, wenn ein Tier geboren wurde, das schwarz war, ein schwarzes Kalb oder eine schwarze Ziege, gab Mister Weiß es den Niggern. Selbst die Hühner. Er hatte nur weiße Hühner. Wenn Küken ausschlüpften, die braun oder dunkel waren, sagte er, ›nehmt das Kroppzeug und gebt es den Niggern. Fort damit. Will keine Nigger-Hühner auf meiner Plantage!‹«

»Das habe ich auch erlebt«, sagte Leroy, »standen da mal ein Neger und ein Weißer an einem Bahnübergang. Sie redeten. Der Weiße sagte zu dem Neger, was er machen sollte. Kommt ein anderer Neger mit einem Wagen vorbei, der wird von einem weißen Maultier gezogen. Na, die Schienen standen ziemlich hoch an dem Übergang, die Räder wurden blockiert, und der Wagen saß fest. Fängt der Neger, der den Wagen fährt, an zu rufen. ›Los!‹ ruft er dem Maultier zu, ›hü, nun zieh schon!‹

Ruft ihm der weiße Mann zu:

›He, Nigger, du weißt wohl nicht, daß du ein weißes Maultier vor dir hast?‹

›Jassir‹, ruft der Neger zurück, ›will mir's merken.‹ Und dann brüllt er sein Maultier an:

›Hü, nun zieh schon, *Mister* Maultier!‹«

»Und wie war das noch mit dem Prinz Albert Tabak?« fragte Natchez, der auch mit in der Runde saß.

»Hab davon gehört«, warf Leroy ein.

»Weißt du, man konnte nicht in einen dieser kleinen Läden auf dem Land gehen und einfach sagen: ›Geben Sie mir eine Dose Prinz Albert.‹ War doch ein weißer Mann auf der Dose abgebildet.«

»Was mußte man denn sagen?«
»Man mußte sagen: ›Geben Sie mir eine Dose Mister Prinz Albert!‹«

Landstreicher

Eines Tages waren wir Holz fällen, da kam ein Mann daher, der suchte Arbeit, und mein Daddy gab ihm einen Job.

Wir brachen am nächsten Morgen zeitig auf, so gegen fünf Uhr, ohne Frühstück. Als es gegen zehn geworden war, bekam ich Hunger. Also fragte ich Ray, diesen Mann, wie's mit ihm stände. Er sagt:

»Kannst doch noch nicht hungrig sein. Hungrig wird man erst, wenn man drei Tage nichts in den Magen bekommen hat.« Und dann fängt er an, mir von seinen Erfahrungen als Landstreicher zu erzählen.

Er ist ungefähr eine Woche unterwegs gewesen, hat an einem Dutzend verschiedener Häuser haltgemacht, konnte nichts zu essen bekommen. Es war während der Depression im Süden. Er war so hungrig, daß er zu schwach war, auf einen Güterzug aufzuspringen. Also lief er zu Fuß weiter. Er fand einen Beutel mit Orangenschalen, die jemand aus dem Zug geworfen hatte. Er machte den Beutel auf, wischte die Ameisen fort und begann die Schalen zu kauen. Dann lief er wieder fünf Meilen weiter an der Bahnlinie entlang, bis er in einer Entfernung von einer Viertelmeile ein hübsches kleines Ranchhaus sah. Er beschloß, hinüberzugehen und zu fragen, ob sie was zu essen für ihn hätten.

Als er durch den Garten vor dem Haus ging, stürzte er hin und fing an, Gras zu essen. Na, er aß es nicht wirklich. Er wollte nur der Frau im Haus zu verstehen geben, wie hungrig er war. Die Frau kam an die Tür und fragte ihn, was er da mache. Er sagte ihr, er habe seit über einer Woche nichts in den Magen bekommen und fragte, ob sie nicht 'n bißchen Salz für ihn hätte, damit das Gras besser schmeckt. Sie antwortete: »Armer Mann. Kommen Sie doch mal an die Hintertür.« Er denkt: jetzt bekomme ich was zu essen. Er ist schon ganz aufgeregt vor Freude, und das Wasser läuft ihm im Munde zusammen. Als er an die Hintertür kommt, steht die Frau da mit einer Tasse voll Salz und sagt zu ihm: »Wenn Sie so gern Gras essen, dann machen Sie sich mal hier hinten drüber her. Hier sind nämlich die Grashalme länger als vorn auf dem Rasen!«

Der Gouverneur

Der Gouverneur von Mississippi berief eine Versammlung aller Gouverneure der verschiedenen Bundesstaaten der USA ein. Er wollte ihnen zeigen, daß die Farbigen im Süden anständig behandelt werden. Er rief einen schwarzen Mann zu sich und sagte:

»Wenn du hungrig bist, sorgen wir doch für dich, nicht wahr?«

»Ja, das stimmt, Boß.«

»Und wenn du einen neuen Anzug brauchst, geben wir ihn dir auch, nicht wahr?«

»Ja, das stimmt, Boß.«

»Und wenn du Geld brauchst, stecken wir es dir in die Tasche?«

»Ja, Boß.«

»Also schön, Sam, nun geh mal dort zu dem Mikrophon und sag all den Leuten, die hier versammelt sind, daß wir uns gut um dich kümmern.«

Sam ging zum Mikrophon und er fragt:

»Zu wem spreche ich denn da eigentlich, Boß?«

»Du sprichst zu Leuten aus Washington D. C., aus New York und aus anderen Staaten oben im Norden.«

»Soll das heißen, daß ich nicht zu Leuten aus Alabama, Georgia und Mississippi spreche?«

»So ist es, Sam. Und nun sag Ihnen, wie du hier bei uns behandelt wirst. Mach's ihnen klar. Damit es keinen Zweifel mehr gibt.«

Und Sam brüllte ins Mikrophon: »HILFE! HILFE! HILFE!«

Neutralität

Während der Unruhen im Getto von Detroit hielt die Polizei einen Wagen an, der mitten durchs Kampfgebiet raste. Ein weißer Kopfkissenbezug war vorn am Kühler des Autos für jeden sichtbar befestigt.

»Für was ist das?« fragte ein Polizist den Fahrer. Der grinste und erklärte:

»Es ist ein weißer Kopfkissenbezug. Soll zeigen, ich bin neutral, Boß.«

Der Polizist tastete den Fahrer ab und entdeckte in dessen Hosentasche einen 45er Revolver.

»Neutral, eh«, sagte der Polizist, »für was ist dann die Waffe?«

»Ich bin schon neutral, Boß«, bestätigte der Fahrer, »den Revolver habe ich nur mit, falls es mir jemand nicht glauben will.«

V Sagas der Vorbilder

Shine said, »You know my color and you guessed my race. Come in here and give these sharkes a chase.«

When all them white folks went to heaven,
Shine was in Sugar Ray's Bar drinking Seagram's Seven.

Shine sprach: »Du kennst meine Hautfarbe, du
hast meine Rasse erraten.
Komm herein und mach Jagd auf diese Haie.«

Und als alle Weißen in den Himmel gingen,
Saß Shine in Sugar Ray's Bar und trank Seagram Seven.

Aus dem Toast »The Titanic«

High John, der Eroberer

Vor langer Zeit gab es einmal einen Mann, der hieß John. High John, den Eroberer, nannten sie ihn. Und er war ein ganzer Mann. Nun sagen manche Leute, er sei ein großer Mann gewesen, aber nach dem, was ich gehört habe, war er nicht größer als andere Männer auch und sah auch nicht sehr viel anders aus.

Er war ein Mann, der durch harte Zeiten ging, aber soviel die Weißen ihm auch zusetzten, John überlebte immer.

John lebte auf einer Plantage in Mississippi. Ich bin nicht ganz sicher, wo, muß aber eine von diesen Baumwollplantagen draußen in der Gegend gewesen sein, die sie das Delta nennen. Es war eine von den üblen Plantagen. Es gab damals Plantagen, auf denen benahmen sich die weißen Leute so gemein, daß selbst die Klapperschlangen nicht wagten, sie zu beißen, weil sie Angst hatten, sich zu vergiften. Die Schlangen bissen nur die Nigger. Die Weißen dort waren so gemein, daß sie einen Nigger erschossen, nur um zu wetten, ob sein Körper nach vorn oder nach hinten umfiel. Und wenn die Leiche in die falsche Richtung kippte, ließen sie ihre Wut an der Mama des Niggers aus und prügelten sie durch.

So sah das auf der Plantage aus, auf der John lebte. Das bekümmerte aber John nicht. Er war ein Mann, der so einiges aushalten konnte. Das wird niemand bestreiten. High John liebte das Leben, und obgleich er nur ein Sklave war, entschloß er sich, so viel aus diesem Leben zu machen, wie für einen kleinen Sklaven nur möglich. Er zerbrach die Hacke — rein zufällig natürlich. Es war immer schwierig für ihn, rechtzeitig auf dem Feld zu sein, und wenn er endlich dort war, scheute, wiederum ganz zufällig, das Maultier und zertrampelte eine ganze Reihe Baumwollstauden, ehe der Aufseher überhaupt begriff, was da vor sich ging.

Der Alte Herr war nie ganz sicher, ob John das mit Absicht machte oder nicht, denn in manchen Jahren arbeitete John dann wieder sehr eifrig und brachte eine gute Ernte ein. Im Jahr darauf aber schien es, als ob alles, was er anrührte, zunichte wurde. Im folgenden Jahr dann aber erntete er mehr Baumwolle als überhaupt jemand für möglich gehalten hatte. Die Weißen waren so nie ganz sicher, auf wessen Seite John stand. Und man kann gewiß sein, John wollte das so.

Nun, nach einer Saison, in der John wirklich hart geschuftet hatte, beschloß der Alte Herr, ihn zu belohnen. Vielleicht wird ihn das dazu ansporen, immer gute Arbeit zu leisten, dachte der Alte Herr. Also gab er John ein altes Maultier und ein Stück Land, damit er dort sein eigenes Gemüse anbauen könne.

John dankte dem Alten Herrn, aber ein eigenes Maultier war so ungefähr das letzte, was John sich wünschte.

Und warum sollte er sein eigenes Gemüse anbauen, wenn er Gemüse aus dem Garten des Alten Herrn nehmen konnte? Das konnte man nicht stehlen nennen. Stehlen bedeutet, einem anderen Neger etwas wegnehmen. Alles, was man den Weißen nimmt, gehört einem ohnehin, denn alles, was sie besitzen, haben sie nur, weil die Schwarzen für sie arbeiten müssen.

Also, John wollte das Maultier nicht. Der Alte Herr wollte nur die Genugtuung haben, ihm zuzusehen, wie er sein kleines Fleckchen Land pflügte, und John hatte von Arbeit für eine Weile erst einmal genug. All die Arbeit, die er in diesem Jahr getan hatte, reichte hin, um es während der nächsten fünf Jahre erst einmal langsam anzugehen. Also dachte er darüber nach, wie er das Maultier, das ihm der Alte Herr vermacht hatte, wieder loswerden könnte.

Zeitig am Morgen ging John in die Scheune und holte sein Maultier. Er hatte sich vorgenommen, sein Maultier und das Maultier des Alten Herrn zusammenzuspannen, damit das Pflügen leichter von der Hand ging, und also fuhr er mit diesem Gespann aufs Feld und fing an zu pflügen. Nun weiß man ja, wie eigensinnig Maultiere sind. Es gibt auch Nigger, die sind wie Maultiere. Nun, das waren richtige Nigger-Maultiere, und jedesmal, wenn sie bockten, nahm John die Peitsche und schlug das Maultier des Alten Herrn. Whack! So hört sich das an. »Vorwärts, Miss Anne!« Er nannte dieses Maultier Miss Anne, und schlug es, so fest er konnte. Whack! »Was ist denn mit dir los, Miss Anne? Führst dich ja auf, wie von allen guten Sinnen verlassen!« Whack!

Sein Maultier aber schlug John nie.

Kam einer von den Onkel-Tom-Niggern vorbei. Ihr wißt schon, wen ich damit meine. Einer von diesen Hausnegern, die die abgelegten Kleider des Alten Herrn tragen, die ihre eigene Großmutter verkaufen, wenn ihnen die Weißen ein gutes Wort geben. So die Art, die den Alten Herrn so gern haben, daß, wenn sein Haus brennt, sie zu ihm rennen und schreien, ›Massa, unser Haus steht in Flammen!‹ Und wenn der Alte Herr krank ist, kommen sie und sagen, ›Massa, wir sind krank, nicht wahr?‹

Nach all dem, was ich gehört habe, gibt es auch heute noch

137

Hausneger unter uns. Wenn das Volk über Black Power spricht, dann ist es der Hausneger, der zu den Weißen rennt und spricht, »Boß, Tom, Sally, Bob und James stecken ihre Köpfe zusammen und schwätzen von schwarzer Gewalt!« Und wenn dann die Neger davon reden, sich Gewehre zu besorgen, um sich gegen Übergriffe der Polizei zu schützen, dann laufen diese Hausneger zur Polizei und melden es ihr. Mit einem Hausneger zusammenzuleben, ist schlimmer, als eine hungrige Klapperschlange aufzunehmen und sie sich ins Hemd zu stecken.

Also, es war einer von den Hausnegern, der vorbeikam und sah, wie High John das Maultier des Alten Herrn schlug. Allmächtiger Gott im Himmel! Er rannte zu dem großen Haus und zeterte: »Massa! Massa!«

»Roy, was ist denn?«

»Herr im Himmel, Massa! Oh, Herr. Du solltest sehen, was ich gesehen habe. Ach, Herr im Himmel!«

»Na, Nigger, nun mal Schluß mit dem Gegreine. Sag mir, was los ist.«

»Massa, John ist draußen auf dem Feld mit deinem besten Maultier. Er prügelt es, als sollte Prügeln aus der Mode kommen. Massa, du mußt etwas unternehmen, sonst prügelt John das Maultier noch zu Tode.«

Man muß wissen, John war ein Feld-Neger. Er setzte nie einen Fuß in Massas Haus. Er hätte auch gar keine Gelegenheit dazu gehabt.

John wäre höchstens mit einem Messer in der Hand in der Nacht in das Haus des Alten Herrn eingestiegen. John schaffte auf den Feldern, und wenn das Haus des Alten Herrn gebrannt hätte, kann man sicher sein, daß es John angezündet hatte und daß er hinter der Scheune stand und um einen großen Wind betete. Und wenn der Alte Herr krank war, dann betete John, er möge sterben. Ich bin sicher, daß es auch heutzutage noch ein paar Feld-Neger unter uns gibt. Dem Herrn sei Dank dafür. Also, der Alte Herr latschte raus aufs Feld, um zu sehen, ob es wahr sei, was Roy erzählt hatte. Er kam dort an, und John versuchte, dem Maultier seine Anfangsbuchstaben mit der Peitsche aufs Fell einzugraben. Whackity, Whack, Whack, Whack, Whackity! John prügelte etwa so, wie Martin Luther King zu predigen pflegte. Der Alte Herr lief rot an im Gesicht. Ihr wißt ja, wie Weiße ausschauen, wenn sie wütend werden.

»John! Was soll das bedeuten?«

»Massa, ich bin mächtig froh, daß Ihr gerade hier vorbeikommt. Ich racker mich ab, Eurem Maultier Verstand einzubleuen. Ich sag ›hü‹, und es geht ›hot‹, ich sag ›hot‹ und es geht ›hü‹. Mit Eurem Maultier ist einfach nichts anzufangen, Boß.«

Der Alte Herr wußte für eine Minute nicht, was er sagen sollte, denn er hatte erwartet, John werde sich entschuldigen.

»John, was hast du überhaupt mit meinem Maultier zu schaffen? Du hast mich nicht einmal gefragt, ob du es nehmen darfst.«

»Ja, ich hab mir gedacht, es würde Euch nichts ausmachen, wenn Ihr erst mal das Gemüse seht, daß ich Euch dann auf den Tisch lege.«

Für eine Minute bedauerte der Alte Herr, daß ihm dieser Nigger je unter die Augen gekommen war. Er verfluchte überhaupt die Tatsache, daß es Nigger gab. Nigger waren die Ursache für diese Anfälle von schrecklichem Kopfweh, die ihn häufig überkamen. Ohne Zweifel!

»Also, John, wenn ich noch einmal erlebe, daß du mein Maultier prügelst, schlage ich dein Maultier tot.«

»Was ist das, Massa?«

»Ich sagte: schlägst du meines, töte ich deines.«

»Wenn du das tust, Massa, wette ich, daß ich noch einmal mehr Geld haben werde als du.«

Der Alte Herr schaute John an. Er mußte den Verstand verloren haben.

»Ich weiß nicht, was für Unsinn du da quasselst, aber noch einen Schlag gegen mein Maultier, und dein Maultier ist tot.«

Kaum hatte sich der Alte Herr ein Stück entfernt, da prügelte John wieder auf Miss Anne ein. Whackity! Whack, Whack, Whackity, Whack! Diesmal gab er's ihr aber. Der Alte Herr kam zurückgerannt.

»Ich habe dich gewarnt, John«, rief er, zog sein Messer und schnitt Johns Maultier die Kehle durch.

John zuckte die Achseln.

»Nun, jetzt werde ich mehr Geld verdienen, als du besitzt.«

Was der Alte Herr nicht wußte, war dies: John war ein Zauberer. Er konnte alles verzaubern. John konnte jemanden bannen und den Bann lösen. Er konnte vorhersagen, wann ein Mann sterben würde und wann ein Baby zur Welt kam. Er konnte sagen, ob eine Frau das tat, was man von ihr erwartet, und ob ein Mann das tat, was man von ihm erwartet. Und wenn John guten Grund dazu hatte, konnte er es so einrichten, daß die Vögel bis Mitternacht sangen und daß der Tau am Mittag eines heißen Sommertages fiel. High John war so berühmt, daß man sogar eine Zauberwurzel nach ihm benannte, die John-der-Eroberer-Wurzel, die mächtigste Zauberwurzel unter allen.

Stärkerer Zauber geht nur noch vom Schwarzen Katzenknochen aus, und den besaß John auch.

John zog dem Maultier die Haut ab, trocknete sie und ging in die Stadt, um dort Geld zu verdienen. Er setzte sich auf den Rasen vor dem Gerichtsgebäude und fing an, dort sein Maultierfell hin und her zu schwenken.

»Ich sage wahr! Ich kann wahrsagen!« rief er.

Ein weißer Mann kam vorbei und fragte:

»Nigger, kannst du wirklich wahrsagen?«

»Oh, gewiß doch.«

»Wenn du mir meine Zukunft vorhersagst, gebe ich dir zehn Dollar.«

John schlug dreimal auf sein Maultierfell, hielt es an sein Auge, schlug es wieder, warf Staub darauf und betrachtete dann das Fell gebannt.

»Oh, Herr!«

»Nigger, warum stöhnst du?«

»Nein. Das kann nicht sein.«

»Nigger, wovon redest du? Was siehst du denn auf dem Maultierfell?«

John schüttelte den Kopf.

»Ich will das lieber noch einmal überprüfen.«

Er drehte das Maultierfell um.

»Es bleibt dabei.«

John legte langsam das Maultierfell zusammen.

»Boß, ich kann es dir nicht sagen. Es würde dir sehr mißfallen.«

»Nigger, wenn du es nicht sagst, bring ich dich um.«

John lachte.

»Mach das nur, wenn du nicht anders kannst, aber dann findest du es nie heraus.«

»Ich gebe dir hundert Dollar.«

John überlegte.

»Boß, du verstehst, ich sage dir nur, was ich auf dem Maultierfell sehe. Es ist das Maultier, das redet, nicht ich.«

»Okay. Also, was sagt das Maultierfell?«

»Das Maultierfell sagt, du solltest nicht zu zeitig heimgehen. Du wirst sonst deine Frau und deinen besten Freund zu Haus antreffen. Und das Maultierfell sagt, sie lesen einander nicht aus der Bibel vor.«

Der weiße Mann zog seine Pistole.

»Nigger, du lügst. Ich schieß dir den Kopf ab.«

John sah den Mann an. Dann sagte er:

»Ich wußte es. Leute wie du können einfach die Wahrheit nicht ertragen. Du hast mich gefragt, und ich habe dir geantwortet. Du kannst mich doch nicht dafür verantwortlich machen, was deine Frau treibt.«

Der weiße Mann steckte die Pistole fort.

»Nigger, wenn du gelogen hast, komme ich zurück und bringe dich um.«

»Vergiß nicht, die hundert Dollar mitzubringen.«

Nun, der weiße Mann ging heim, und wie John gesagt hatte, traf er seinen besten Freund bei seiner Frau, und die beiden lasen nicht in der Bibel. Der weiße Mann erschoß sie, kam zurück und gab John das Geld.

John kehrte auf die Plantage zurück, nachdem er noch mehreren Leuten geweissagt hatte, und als er zu seinem Haus ging, sah er den Alten Herrn.

»Hallo, Massa!«

»Du bist ja so vergnügt, John?«

»Ich habe euch ja gesagt, wenn ihr mein Maultier tötet, werde ich mehr Geld verdienen, als ihr besitzt.«

Und John zog so viele Geldscheine aus der Tasche, daß man damit hätte ein Haus tapezieren können. Freilich herrschte damals Inflation, und all die Scheine waren nicht allzu viel wert, aber er sah trotzdem glücklich aus.

Der Alte Herr machte große Augen. Er besaß zwar mehr Geld als er eigentlich brauchte, aber es ist ja bekannt, wie gierig manche Weiße sind. Sie haben dort 'ne Registrierkasse, wo andere Leute eine Seele haben.

»Weißt du was, John, ich schlage mein Maultier auch tot. Meinst du, ich kann damit auch soviel Geld verdienen?«

»Oh, gewiß doch, Massa.«

Der Alte Herr rannte in den Stall, tötete sein Maultier, häutete es ab. Am nächsten Morgen, frühzeitig, war er in der Stadt.

»Maultierhäute zu verkaufen«, rief er.

»Ich gebe dir für zwei Stück fünfzig Cent«, sagte ein Mann.

»Fünfzig Cent. Diese Maultierhaut hier ist hundert Dollar wert.«

Den ganzen Tag rief der Alte Herr Maultierhäute aus. Die Leute meinten, er müsse den Verstand verloren haben. Als die Sonne unterging, warf er die Maultierhaut in einen Graben und ging nach Hause. Er war wütend auf John. »Nun, Massa, ich habe euch nicht geraten, hundert Dollar für die Maultierhaut zu verlangen, wo doch jeder weiß, daß zwei fünfzig Cent wert sind«, sagte John, »was ist nur los, Massa. Eure Neger machen euch einfach verrückt. Das wird's sein. Diese Nigger könnten selbst Petrus in die Arme der Sünde treiben. Ihr braucht Ruhe. Ihr könnt nicht mehr klar denken.«

Nun, der Alte Herr war so wütend, daß er John am liebsten umgebracht hätte, aber er sah keine Möglichkeit, es zu tun und daraus einen Gewinn zu ziehen. Also ließ er ihn leben.

Eine Woche später unterhielt sich der Alte Herr mit einem anderen Sklavenhalter.

»Ich hab einen Nigger auf meiner Plantage, der jeden anderen Nigger auf der Welt verprügeln kann«, sagte dieser Mann.

»Mit meinem Nigger würde er aber nicht fertig werden.«

»Ich wette 25 000 Dollar, daß er es schafft.«

»Gut, die Wette gilt. Der Wettkampf wird in genau einem Monat stattfinden.«

Der Alte Herr konnte den Kampf kaum erwarten. Es war ihm klar, daß John dabei höchstwahrscheinlich würde sein Leben lassen müssen. Das mit ansehen zu können, war ihm 25 000 Dollar wert.

Nun, die Nachricht breitete sich im Staat rascher aus als die Maul- und Klauenseuche. Es würde ein Wettkampf zwischen den beiden schlimmsten Niggern in ganz Mississippi werden. Der Gouverneur hatte versprochen, dabeizusein und auch seine Familie mitzubringen. Weiße haben nichts lieber, als zuzuschauen, wenn sich zwei Nigger verprügeln, bis der eine auf der Strecke bleibt.

»Nun, John«, sagte Massa eines Tages, »hast du dich auf den Kampf schon vorbereitet?«

John lag im Gras und nagte einen Hühnerknochen ab.

»Ich bin bereit, Massa.«

»John, wo ist dieses Hühnerbein her?«

»Seltsame Dinge gibt es, Massa. Gestern nacht spazierte dieses Huhn in mein Haus. Ich versuchte, es fortzujagen, da sprang es in eine Pfanne mit heißem Fett, die ich auf dem Feuer stehen hatte. Und ehe ich noch etwas tun konnte, war es auch schon gebraten. Also dankte ich Gott, daß er einem armen, ehrlichen schwarzen Mann ein Huhn gesandt hat. Wißt Ihr was, Massa?« fragte John und warf den Hühnerknochen auf die Hutkrempe des alten Herrn, »Gott sorgt für einen, wenn man nur recht lebt.«

Der Alte Herr sagte kein Wort mehr und ging wütend fort. Er konnte es nicht erwarten, mit anzusehen, wie John zusammengeschlagen wurde.

Der Tag des Kampfes kam, und weißes Volk von überallher war zur Stelle. Da waren Leute aus Hang-a-Nigger, Mississippi, und Leute aus Cut-a-Nigger, Alabama, aus Burn-a-Nigger, Georgia, und sogar aus Co-opt-a-Nigger, New York. Der Gouverneur, seine Frau und seine Tochter waren zugegen. Der stellvertretende Gouverneur war gekommen. Es waren insgesamt so viele Weiße, daß es aussah, als werde hier eine Lynchparty gefeiert.

Eine Stunde vor Beginn des Kampfes traf der Plantagenbesitzer mit seinem Nigger Andy ein. Nun wahrlich, das war ein Mordsnigger! Er war groß und stark, und sie hatten ihn in Ketten gelegt. Er schnarchte und grölte und führte sich so wüst auf, daß man ihn an die Säulen des Gerichtsgebäudes anketten mußte. Er war so groß, daß er sich in der Nacht bücken mußte, um den Mond vorbeiziehen zu lassen. Vier weiße Damen fielen in Ohnmacht, als sie ihn erblickten. Als Johns Herr ihn sah, tat es ihm schon leid, daß er gewettet hatte. Er betrachtete Andy und ihm war klar, er würde John zu Pulver zerstampfen. Nun, John hatte eine tüchtige Tracht Prügel verdient, aber was ihm von Andy drohte, schien fast auch dem Alten Herrn zuviel des Guten.

Zehn Minuten vor Beginn des Kampfes erschien John. Er war angezogen, als gehe er zu seinem eigenen Begräbnis. Ich meine, er sah so sauber aus. Er trug ein Paar schwarze Patentlederschuhe, rote Hosen, einen roten Rock, ein weißes Hemd und einen schwarzen Binder. An seinem Arm hing ein handgeschnitzter Stock, der mit Diamanten geschmückt war. Auf dem Kopf hatte er einen Stetson-Hut. John ging langsam, tippte an den Hut und begrüßte jeden. Er kam den Gang entlang getänzelt, und dann sprach er zu dem weißen Volk.

»Wie geht's, Boß? Schön, euch zu sehen. Hab euch nicht mehr gesehen, seitdem ihr meine Mutter verkauft habt.« So sprach er zu dem einen. Und zu einem anderen sagte er:

»Hallo, euch bin ich auch nicht mehr begegnet, seitdem ihr damals meine Schwester habt auspeitschen und ihre Wunden habt mit Essig einreiben lassen.«

John war sehr höflich. Ein perfekter Gentleman.

Nachdem er alle Weißen begrüßt hatte, trat er in die Mitte und sah sich um. Er tat so, als habe er Andy gar nicht wahrgenommen. John sah sich um, bis er den Gouverneur entdeckt hatte. Er ging auf ihn zu, so schnell er konnte, und machte ein böses Gesicht. Sehr böse. John stieg über den Gouverneur hinweg, stieß die Frau des Gouverneurs zur Seite und versetzte der Tochter des Gouverneurs eine Ohrfeige. Puh. Er traf das weiße Mädchen so hart, daß ihr blondes Haar braun wurde. Er schlug sie so fest, daß sie für den Rest ihres Lebens schielte. Er gab ihr noch eine Ohrfeige und rief:

»Mädchen, hab ich dir nicht gesagt, du sollst heute daheimbleiben! Was fällt dir ein, mir nicht zu gehorchen?«

Puh. Und schon wieder hatte sie eine Ohrfeige weg!

Als Andy sah, wie John das weiße Mädchen ohrfeigte, versuchte er, davonzurennen. Er zerrte so stark an seinen Ketten, daß das Gerichtsgebäude zusammenstürzte. Er zerbrach seine Fesseln, und nach dem, was ich gehört habe, soll er gerannt sein, bis er in Kanada war. Andy wußte, daß er John nicht besiegen konnte, denn wenn John so bös war, daß er eine weiße Frau schlug, würde auch Andy von ihm Prügel beziehen.

Das weiße Volk war ziemlich aufgeregt über den Zwischen-

143

fall mit der Tochter des Gouverneurs, bis ein jeder begriff, daß John alle zum besten gehalten hatte. Da brachen die Leute in schallendes Gelächter aus, besonders jene, die ihr Geld auf John gesetzt hatten. Der Alte Herr war auch nicht böse, weil nämlich die Tochter des Gouverneurs einmal erklärt hatte, sein Sohn sei ihr nicht gut genug, um ihn zu heiraten. Natürlich war der Gouverneur ziemlich aus dem Häuschen; aber das legte sich, als ihm der Alte Herr die Hälfte von den 25 000 Dollar zusteckte, worauf der Mann seiner Tochter befahl, sie solle endlich aufhören zu flennen, sonst könne sie von ihm auch noch mal eine Tracht Prügel bekommen.

John ging zurück auf die Plantage, und, obgleich er seinem Herrn so viel Geld gewonnen hatte, mußte er doch am nächsten Tag wieder aufs Feld zur Arbeit. John begriff nicht, warum. Er lief in die Scheune, zerbrach alle Pflüge und Hacken, goß Wasser über die Baumwollsaat, brach den Maultieren die Knochen, sagte den Hausnegern, sie sollten es nur dem großen Alten Herrn erzählen, und dann legte er sich unter einen großen Sykomore-Baum, schob sich den Hut ins Gesicht, um die Fliegen abzuhalten und wollte schlafen.

»John! Diesmal bist zu weit gegangen«, rief der Alte Herr, »du hast es zu weit getrieben, und jetzt werde ich dich töten!«

John nahm nicht einmal den Hut vom Gesicht.

»Tötet mich, und dann werde ich wieder mehr Geld verdienen, als Ihr besitzt.«

»Nicht diesmal, Nigger!«

Massa steckte John in einen Sack und zerrte ihn zum Flußufer. Dort wollte er den Sack ins tiefe Wasser stoßen. Aber er hatte vergessen, Gewichte hineinzulegen. Also wollte er ins Haus zurück, um sie zu holen. Während er dorthin unterwegs war, kamen ein paar Feldneger, die alles mitangesehen hatten, aus dem Wald hervor, öffneten den Sack und befreiten John. Sie füllten den Sack mit Steinen, und als der Alte Herr zurückkam mit den Gewichten, stieß er den Sack mit Steinen ins Wasser. Unterdessen war John schon wieder zu seinem Haus gegangen und hielt dort seinen Mittagsschlaf.

Spät am Nachmittag griff er sich sein Maultierfell, lief in die Stadt, weissagte wieder einigen Leuten und um sechs war er zurück. Geld klimperte in seinen Taschen. »John, bist du es?« fragte der Alte Herr erschrocken, als er ihn sah.

»Ich habe euch ja gesagt, wenn ihr mich tötet, werde ich mehr Geld verdienen, als ihr besitzt.«

»John?«

»Ja, Massa.«

»John, wenn ich mich nun töten lasse, könnte ich dann auch etwas Geld verdienen?«
John machte ein todernstes Gesicht. Er sagte:
»Massa, ich bin ganz sicher, daß ihr das könntet.«
Also kroch der Alte Herr in den Sack, und John band oben fest zu. Dann rief er die Feldneger, und sie vergaßen auch die Gewichte nicht. Als nun alles bereit war, und sie sich anschickten, den Alten Herrn in den Fluß zu werfen, rief er:
»Bist du sicher, John, daß ich so etwas Geld verdiene?«
»Ganz sicher, Massa«, kam die Antwort, und dann klatschte der Sack ins Wasser.
Und das ist die Geschichte von High John, dem Eroberer.

Annie Christmas

Lotsen, die die großen Raddampfer auf dem Mississippi begleiten, wissen zu berichten, daß sich auf der Höhe von Natchez in klaren Vollmondnächten über dem Fluß manchmal ein riesiges schwarzes Phantom zeigt. Gleichzeitig vernimmt man zwischen Himmel und Erde einen lauten feierlichen Gesang, dessen Melodie an die Totenklage der Schwarzen erinnert. Die Neger, die in diesen Landstrichen nördlich von New Orleans leben, sagen dann, der Geist der Annie Christmas gehe um. Da sie der Meinung sind, daß sich die Erscheinung immer vor großen Überschwemmungen sehen läßt und diese vermieden werden könnten, wenn man das Riesengespenst besänftigt, stellen sie in den folgenden Nächten allerlei Opfergaben wie Melasse, Maiskolben und Töpfe mit Honig neben einen ausgehöhlten und mit einer Kerze beleuchteten Kürbis, der Annies Aufmerksamkeit erwecken soll.
Die Schiffer auf dem Fluß aber sagen, wenn übernatürliche Dinge geschehen: »Das geht mit Annie Christmas zu.«
Fragt man nun die Neger, wer denn diese Annie Christmas gewesen sei, so erhält man folgende Auskünfte:
Annie Christmas wog zweihundertfünfzig Pfund und war sechs Fuß groß. Auch hatte sie den schönsten Schnurrbart zwischen New Orleans und St. Louis. Sie war kräftig wie ein Mann.
Sie konnte mit einem Griff drei Fässer Mehl fassen. Eines nahm sie auf den Kopf, und je eines unter jeden Arm, und wenn die Gegend von New Orleans von Überschwemmungen heimgesucht wurde, rannte sie überall herum und erhöhte die Dämme.

Schon damals wußte niemand so recht, ob sie ein menschliches Wesen sei oder ein Geist.

Einmal wollte sie einen Lastkahn eilig von New Orleans nach Natchez bringen, und was tat sie? Sie griff sich das Kieltau und zog das Boot, durch das Wasser watend, hinter sich her. Leute, die zugesehen haben, behaupten, daß das Boot während der ganzen Fahrt nicht ein einziges Mal die Wasseroberfläche streifte, sondern ständig durch die Luft flog. Der Kapitän konnte sich bequem in seinen Korbstuhl zurücklegen, und die Mannschaft vergnügte sich damit, daß sie mit den Möwen Wetten abschloß, wer schneller an der nächsten Flußschleife sein werde. Eine Schwäche hatte Annie: ein Spieler, der Charlie hieß. Charlies Schnurrbart war womöglich noch prächtiger als der von Annie, und außerdem trug er Kleider, die auf keine Frau ihren Eindruck verfehlt hätten.

Annie verliebte sich also in Charlie, aber es dauerte lange, bis dieser ihre Liebe erwiderte. Schließlich aber heiratete er sie doch, und im Jahr darauf schenkte ihm Annie zwölf Söhne. Ehe die Kinder noch ihr sechstes Lebensjahr vollendet hatten, waren sie schon sieben Fuß groß.

Eines Nachts ging Charlie ins Spielkasino von New Orleans und begann dort Roulette zu spielen. Er setzte vier Dollar auf Rot, stützte seinen Kopf in die Hand und wartete, bis die kleine silberne Kugel stillstand. Rot gewann. Charlie rührte sich nicht und ließ seinen Einsatz und seinen Gewinn stehen. Rot gewann wieder und wieder. Seine Freunde baten ihn, doch nun aufzuhören, nachdem er schon soviel gewonnen hatte. Früher oder später mußte sich das Glück gegen ihn wenden. Aber Charlie hörte nicht auf sie. Er saß da, den Kopf in die Hand gestützt und verzog keine Miene. Als Rot zum sechzehnten Mal gewann, und Charlie seine achttausend Dollar Einsatz auf Rot stehen lassen wollte, verkündete der Croupier, das Haus sei nun nicht länger zahlungsfähig und bitte Charlie, für diesen Abend das Kasino zu verlassen. Charlie rührte sich nicht. Der Croupier stieß ihn an. Da glitt Charlie vom Stuhl und fiel auf den Boden. Er war schon seit geraumer Zeit tot gewesen. Das Kasino hatte gegen einen toten Mann gespielt, und der tote Mann hatte gewonnen.

Als Annie Christmas hörte, daß Charlie gestorben sei, war sie untröstlich. Sie richtete für ihn ein prächtiges Begräbnis aus, für das sie die gesamten achttausend Dollar verbrauchte, die Charlie gewonnen hatte. Dann zog sie ihr schwarzes Seidenkleid an, legte ihren schönsten Schmuck an und erschoß sich.

Die Leute von New Orleans aber behaupten, sie habe sich nicht erschossen, sondern sei mit einem Feuerwerk in den Nachthimmel gefahren, wo sie die Geister, die ihre Vor-

fahren aus Afrika mitgebracht haben, freudig begrüßten und
mit ihr ein ausgelassenes Fest feierten. Sicher aber ist, daß
seit jener Nacht Annie Christmas der gute Geist von New
Orleans ist, der die Einwohner dieser Stadt und die Lände-
reien am Mississippi schon vor manchem Schaden bewahrt
hat.

Bras Coupé

Bras Coupé war ein riesiger Mulatte, der alles besser tat als
andere Leute. Er war der beste Bamboula-Tänzer, der in
New Orleans den Erdboden erzittern ließ, und er war es,
der die kleinen Glöckchen erfand, die man seither statt Me-
tallstücken bei diesem Tanz an den Fußknöcheln trägt.
Er konnte höher springen und lauter rufen als andere Tänzer,
und wenn er mit den Füßen aufstampfte, bebte die Erde.
Wenn er rief: »Bamboula! Badoum! Badoum!«, bogen sich
die Sykomoren von der Macht seiner Stimme im Wind. Seine
Fäuste waren so groß wie Schinken, und wenn er mit Rin-
derknochen die Bamboula-Trommel schlug, hörte sich das an
wie eine Salve Artillerie-Feuer.
Er gehörte General William de Buys, der ihn auf seine Jagd-
ausflüge mitnahm. Der General lehrte Bras Coupé mit dem
Gewehr umzugehen und ließ ihn sogar allein auf die Jagd
gehen. Bras Coupé hatte eine Vorahnung, daß er einmal
einen Arm verlieren würde, und so übte er mit dem Gewehr,
bis er ebenso sicher mit der linken wie mit der rechten Hand
schießen konnte. Auf seinen Jagdausflügen erwachte in Bras
Coupé die Sehnsucht nach Freiheit. Er lief seinem Herrn fort,
wurde wieder eingefangen und brach abermals aus.
Er verlor seinen rechten Arm, als die Suchtrupps der Plantagenbesitzer in den Sümpfen auf ihn schossen. Man brachte
ihn ins Spital, der Arm wurde amputiert. Am nächsten Morgen lief er wieder davon. Er kehrte in die Zypressensümpfe
zurück und gründete dort eine Bande mit entlaufenen Sklaven, mit denen er entlegene Plantagen überfiel und weibliche
Sklaven raubte. Als seine Männer und er sich bis in die Vor-
orte von New Orleans wagten, breiteten sich in der Stadt
Angst und Schrecken aus.
Bei einem dieser Überfälle traf Bras Coupé eine Kugel der
Stadtwache von New Orleans. Das war nahe Bayou St.
John. Die Wachmänner schlugen mit den Kolben ihrer
Gewehre so lange auf ihn ein, bis er tot zu sein schien. Als

147

die Weißen aber einen Offizier holen gingen, verschwand die Leiche.

Alles, was die Weißen bei ihrer Rückkehr entdecken konnten, war eine dünne Blutspur, die in die Sümpfe führte.

Bras Coupé war nicht nur ein waghalsiger Räuber, er kannte auch wie kein anderer Zauberkräuter aller Art. Mit einem dieser Mittel machte er sich kugelfest. Jäger, die ihn in den Sümpfen aufspürten und auf ihn schossen, beobachteten, wie die Kugeln durch ihn hindurchgingen, ohne irgendwelche Wirkung zu zeigen, oder wie Geschosse, die ihn an der Brust trafen, plattgedrückt wurden. Manchmal sprangen die Kugeln auch von seinem Leib ab und kamen zurückgeflogen. Wenn dies geschah, hörte man Bras Coupé laut lachen, und darauf rannte er in unzugängliches Sumpfland davon. Eine Abteilung Soldaten, die man zu seiner Verfolgung ausschickte, löste sich in eine Wolke Nebel auf. Er konnte Menschen durch seinen Blick bannen, und manchmal ernährte er sich von Menschenfleisch.

Aber dann kam das Ende für Bras Coupé. Im Sommer des Jahres 1837 brachte ein spanischer Fischer, Francisco García, die Leiche Bras Coupés in alte Säcke gehüllt auf das Büro des Bürgermeisters von New Orleans. Der Mann berichtete, er habe am Vortag in einem Bayou gefischt. Bras Coupé habe auf ihn geschossen, ihn aber nicht getroffen. Wütend sei er, Francisco García, an Land gesprungen und habe dem Outlaw mit einer Keule den Schädel zertrümmert. Der Fischer verlangte eine Belohnung von 2000 Dollar, die auf Bras Coupés Kopf ausgesetzt worden war. Man zahlte ihm aber nur 250 Dollar. Die Sklaven erzählten, García sei ein Freund Bras Coupés gewesen. Er habe ihn ermordet, als der Neger im Schuppen des Fischers übernachtete.

Die Leiche des Outlaws wurde zwei Tage lang auf dem Place d'Armes ausgestellt, und mehrere tausend Sklaven wurden gezwungen, sie sich anzusehen. Eine Zeitung, die ihm einen Nachruf widmete, schrieb, er sei ein Teufel in Menschengestalt gewesen. Aber die Sklaven im südlichen Louisiana sprechen noch heute voller Bewunderung von ihm.

John Henry

Wie bei allen großen Männern vollzog sich auch John Henrys Geburt unter seltsamen Vorzeichen. In jener Nacht, da ihn seine Mutter zur Welt brachte, war der Mond kupferrot und der Himmel tintenschwarz. Die Sterne wollten nicht scheinen, und ein schwerer Regen fiel zur Erde. Blitze zuckten über den Himmel. Die Panther heulten in den Sümpfen, und der Mississippi trat viele Meilen weit über seine Ufer.

John Henry wog vierundvierzig Pfund bei seiner Geburt, und es war an den Ufern des Black River, der Heimat aller Raufbolde, wo seine Wiege stand. Nach seiner Geburt fand man eine Klaue zum Baumwollpflücken in seiner rechten Hand, und sogleich sang er auch eines jener Schifferlieder vom Mississippi:

> *Schaute hin über den Fluß;*
> *soviel Meilen weit saht ihr nie!*
> *Eh' ich noch einundzwanzig bin,*
> *gehört mir ein Schiff und viel Vieh.*

Seine Eltern wußten nicht recht, was sie mit diesem Riesenbaby anfangen sollten. Sie betrachteten John und gingen und betrachteten den Fluß.

»Er hat eine schöne Baßstimme. Er soll Prediger werden«, sagte die Mutter.

»Er hat so mächtig breite Schultern wie ein Baumwollstauer«, sagte der Vater.

»Er hat blaues Zahnfleisch, er soll ein Zauberer werden«, sagte die Amme.

»Ich könnte predigen«, sprach John Henry, »aber ich will kein Prediger werden. Ich könnte Baumwollballen schleppen, aber ich will kein Stauer werden. Ich mag wohl blaues Zahnfleisch haben, doch mit Geistern habe ich nichts zu schaffen, denn ich bin John Henry, und wenn mich die Leute bei diesem Namen rufen, so wird das genug sein.«

»Er heißt John Henry«, sagte seine Mutter, »das ist wahr.« Da streckte John seine Arme aus und rief: »Nun, ist's jetzt nicht Mittagszeit?«

»Ja, mein Kind«, sagte die Mutter.

»Sogar schon ein wenig darüber«, sagte der Vater.

»Also«, sagte John Henry, »sind die Hunde schon gefüttert?«

»Ja«, antwortete die Mutter.

»Alle Hunde«, sagte der Vater.

»Schon lange«, sprach die Amme.

»Nun denn«, sagte John Henry, »bin ich etwa schlechter als ein Hund?«

Und er sprang aus seinem Kinderbett, stellte sich mitten ins Zimmer und erklärte, was er zu essen haben wolle.

»Bringt mir vier Schinken und einen Topf Kohl. Bringt mir ein Bund Rüben, so groß wie ein Baum. Bringt mir ein Faß Pfeffer und einen Scheffel Salz, damit ich sie würze. Bringt mir einen Korb voll Biskuits und einen Krug Melasse. Bringt mir einen Kessel Kaffee, damit ich alles hinunterspüle, denn ich heiße John Henry, und ihr werdet schon sehen, was aus mir noch wird.«

Nachdem er so gegessen und getrunken hatte, ging er aus dem Haus seiner Eltern fort und suchte sich Arbeit.

John Henry ging unter die Streckenarbeiter. Dort arbeitete er bei den Männern, die Steine brachen und Schwellenlöcher bohrten. Eines Tages vergaß John Henry seinen Steinbrecher auf der Strecke und mußte durch Wälder und Felder laufen, um ihn zu holen. Dabei traf er einen großen schwarzen Bären. Da nahm er seinen Bogen und schoß. Sein Pfeil durchbohrte den Bären und einen dicken Baumstamm dazu. John Henry wollte den Pfeil herausziehen, und als er mit aller Kraft an dem Pfeilschaft zog, stürzte er rückwärts gegen einen anderen Baum, von dem fielen Honigwaben herab. Da setzte er sich und aß all den Honig auf.

Als er weiterging, begegnete er einem Schwein, das war schon gebraten und trug einen Sack Biskuits auf dem Rücken. Da fing John Henry das Schwein und verspeiste es auch noch. Dieser Bursche hatte einen Appetit! Mio mei! Aber das war nicht alles. Er konnte auch arbeiten. Er wurde der tüchtigste Steinbrecher, den es je gegeben hat. Er arbeitete immer mit zwei Hämmern, von denen jeder zwanzig Pfund wog. Aus einem Umkreis von vielen Meilen kamen die Leute herbei, um ihn schaffen zu sehen.

Nun geschah es, daß am Big-Bend-Tunnel zwei Gesellschaften die Arbeit übertragen bekommen hatten. Die eine Gesellschaft verwendete beim Durchbrechen des Berges eine Dampframme, die andere arbeitete mit Menschenkraft. Abends nach Feierabend prahlten die Arbeiter der einen Gesellschaft damit, wie gut doch ihre Dampframme vorankomme. »Das ist gar nichts«, meinten die Arbeiter der anderen Gesellschaft, »habt ihr vielleich schon einmal etwas von John Henry gehört? Er schafft in unserem Team.«

Schließlich kam man überein, einen Wettkampf zu veranstalten. 200 000 Dollar sollte John erhalten, wenn er die Dampframme schlug.

John ließ sich von seinem Vorarbeiter einen neuen Hammer kaufen und dann ging's los.

Fünfunddreißig Minuten kämpfte der Mann gegen die Maschine. Die Dampframme schlug ein Loch von neun Fuß. John Henry arbeitete mit zwei Hämmern und hatte zwei Stahlkeile nebeneinander jeweils sieben Fuß tief in das Gestein getrieben. Zusammen aber ergab das eine Bohrung von 14 Fuß. Er hatte gewonnen.

Als der Wettkampf zu Ende war, ging John heim und sagte zu seiner Frau, er verspüre so ein seltsames Gefühl in seinem Schädel. Sie kochte ihm sein Essen und gleich darauf legte er sich schlafen.

Am nächsten Morgen, als seine Frau ihn wecken wollte, gab er keine Antwort, und als sie sich über ihn beugte, sah sie, daß er tot war.

Die Leiche wurde von zwei Doktoren aus Baltimore untersucht, die zu dem Ergebnis kamen, daß der Tod durch das Zerplatzen von zwei Blutgefäßen in seinem Gehirn eingetreten sein mußte.

Bis in unsere Tage aber ehren die Streckenarbeiter und Steinhauer den baumlangen und bärenstarken schwarzen Mann wie einen Schutzpatron.

Railroad Bill

Wer weiß schon bei einem Tramp so genau, wie er heißt. Die Negerjungen und -mädchen, die viele Lieder von ihm kennen, nannten ihn nie anders als einfach Railroad-Bill, den Bill von der Eisenbahn. Er trampte mit Güterzügen im Bremserhaus oder auf den Dächern der Waggons, und manche sagen, er sei ein Dieb gewesen. Denn wenn er mit einem Zug reiste, der Konserven geladen hatte oder Wein, so kam es vor, daß er ein paar Büchsen oder eine Flasche Wein mitgehen ließ. Unter Tramps gilt solche Aneignung fremden Gutes als Mundraub, und Mundraub wird vom Gesetz nicht bestraft.

Freilich legte Bill die Auffassung darüber, was Mundraub sei, manchmal etwas großzügiger aus. Allerdings nicht, um sich zu bereichern, sondern nur, um armen Leuten eine Freude zu machen. Manch alte schwarze Frau in Alabama, die an der Strecke der Nashville-Bahn wohnte, erinnert sich, daß sie früh vor ihrer Haustür eine Büchse Erbsen, eine Flasche Milch oder eine Dose Corned beef fand.

»Gott segne Railroad-Bill«, murmelte sie dann und schaffte die unverhofften Geschenke schnell ins Haus. Sie weiß, daß Bill die Büchsen gestohlen hat, sie weiß, daß er das nicht hätte tun dürfen, aber sie ist froh, weil sie hungrig war, und nun ist etwas zu essen im Haus.

Freilich blieben die Diebstähle Railroad-Bills den Firmen und der Eisenbahngesellschaft auf die Dauer nicht verborgen, und einmal setzte sich der Sheriff von Escambia County auf Bills Fährte. Als er mit seinem Aufgebot Railroad-Bill schon beinahe eingeholt hatte, kamen die Verfolger auf eine Lichtung, auf der stand ein schwarzes Schaf, das blökte friedfertig die Männer an, die es so eilig hatten. Keinem der Verfolger kam es in den Sinn, daß eine Waldlichtung eigentlich ein recht seltsamer Weideplatz für ein schwarzes Schaf ist, und so liefen sie weiter. Das schwarze Schaf aber war Railroad-Bill, der sich noch gut mit den alten Zaubersprüchen auskannte, die die Schwarzen aus Afrika mitgebracht haben.

Ein anderer Sheriff, der Railroad-Bill fangen wollte, ließ einen ganzen Zug beschlagnahmen und zur Durchsuchung auf ein Abstellgleis fahren. Alles wurde von unterst zu oberst gekehrt, aber Railroad-Bill konnte man nicht entdecken. Er stand mitten unter den Polizisten, die eifrig berieten, wo sie ihn noch suchen könnten. Als diese Geschichte im Land bekannt wurde, lachte das schwarze Volk, und der Sheriff wurde böse und wild. Tag und Nacht grübelte er darüber nach, wie er Railroad-Bill doch noch fangen könnte. Eines Tages war er wieder auf seiner Spur, und auch diese Verfolgungsjagd führt durch die Wälder. Plötzlich tauchte vor den Polizisten ein kleiner roter Fuchs auf und bellte sie wütend an. Der Sheriff zog seinen Revolver und feuerte zweimal. Aber seine Kugeln verfehlten das Ziel. Da wandte sich der kleine rote Fuchs um und lachte dem Sheriff mitten ins Gesicht. Jeder wußte, wer der rote Fuchs war, nur der Sheriff nicht. Am nächsten Morgen aber fanden wieder viele arme Neger Konservendosen vor ihrer Haustür.

Schließlich verfiel der Sheriff darauf, Railroad-Bill mit Bluthunden zu hetzen. Unterwegs fragte der Sheriff einen seiner Begleiter:

»Du sag mal, waren es nun vier oder fünf Bluthunde, die wir mitgenommen haben?«

»Soviel ich weiß, waren es vier, aber ganz sicher bin ich mir nicht, es können auch fünf gewesen sein.«

Die Hunde führten die Polizisten zu dem Haus, in dem Railroad-Bills Liebste wohnte. Sie schnüffelten dort überall herum, und der eine Bluthund, der ein schwarzes Fell hatte, leckte dem Mädchen die Hände. Die Polizisten verhörten das Mädchen, aber sie schwor ihnen, Railroad-Bill sei nicht hier. Da gingen sie wieder.

Als sie wieder in Mississippi ankamen und dort die geliehenen Bluthunde abliefern wollten, stellten sie fest, daß sie nun nur noch vier Tiere bei sich hatten.

»Schon recht«, sagte ihnen der Besitzer der Hunde, »ihr habt ja auch nur vier mitgenommen.«

Der fünfte, schwarze Bluthund war Railroad-Bill gewesen, der mit den Polizisten zu seinem Mädchen gelaufen war, um ihr den Hof zu machen.

Die Weißen sagen, daß der Sheriff schließlich Railroad-Bill fing, aber die Neger in den Sümpfen, die in Blockhütten und Baracken wohnen und abends auf ihren Banjos spielen, la-

chen nur, wenn sie dieses Gerücht hören, und dann singen sie
diese Verse:

> Railroad-Bill ist fuchsenschlau.
> Der Sheriff weiß das ganz genau,
> und er fängt ihn nie.

> Hat mit Hunden ihn gehetzt,
> sich die Sohlen abgewetzt,
> doch er fängt ihn nie.

> Die da bangen um ihr Brot,
> wären längst schon mausetot,
> ohne Railroad-Bill.

> Hört er von 'ner armen Frau,
> dann spielt er den Dosenklau:
> unser Railroad-Bill.

> Seid ihm darob nicht zu gram.
> Niemand arg zu Schaden kam,
> durch den Railroad-Bill.

Daddy Mention

Wann und wo Daddy Mention geboren wurde, darüber werden noch umfangreiche Nachforschungen angestellt. Keiner
der Gäste in »Blue Jay«, der City Prison Farm, scheint etwas darüber zu wissen. Nur eines ist sicher, was diesen arbei-
tenden und herumziehenden Gentleman angeht: er muß
existiert haben, denn zu viele Leute behaupten, sie hätten
ihn gekannt.
Nicht, daß irgendeiner seiner früheren Freunde Daddy Mention beschreiben könnte, mit Größe, Augenfarbe und so. Das
nicht. Aber sie alle versichern, daß er in verschiedenen Gefängnissen, Straflagern und Road-Farms in Florida eingesessen hat, und bei all den Geschichten, die man sich dort von
ihm erzählt, muß er fast ständig hinter Gittern und Stachel-
drahtzäunen gewesen sein. Es ist aber gerade diese unge-
wöhnliche Eigenschaft, allgegenwärtig zu sein, die jedem, der
von den Abenteuern Daddy Mentions berichten hört, Zweifel darüber eingibt, ob er tatsächlich ein Mensch von Fleisch
und Blut gewesen ist. Strafgefangene im Gefängnis von Bar-

tow behaupten, er habe dort neunzig Tage eingesessen, während sie ihre sechzig Tage abrissen. Andere beschwören, mit ihm im Marion County in einer Abteilung zusammengewesen zu sein, die beim Straßenbau eingesetzt war.

Daddy Mention und die Polizisten

Daddy Mention machte einmal eine lange Reise nach Rainford. Es arbeiteten damals eine Menge Leute an dem Kanal bei Ocala, und sie verdienten gutes Geld, aber Daddy Mention verdiente noch mehr als sie. Ihr versteht, er arbeitete nicht am Kanal mit, er verkaufte nur so ein bißchen Whisky neben dem Kanal. Am Kanal konnte die Polizei aus Ocala niemanden verhaften, und mit der Polizei des County hatte man auch keinen Ärger. Es gab ein paar Kriminalbeamte dort, aber wenn man sich nicht wild benahm, kümmerten die sich nicht um einen. Daddy Mention kam immer hin, wenn dort der Schnaps rar wurde. Er war schlau, er ließ sich von einem weißen Mann ins Lager hinein und aus dem Lager heraus mit dem Wagen mitnehmen. Auf diese Weise erwischten die Polizisten ihn nie. Es machte die Bullen ganz wild, Daddy Mention mit einem weißen Burschen in die Stadt kommen zu sehen und dann auch noch erleben zu müssen, wie er mit dem Weißen wieder abschwirrte, raus zum Kanal, ohne daß sie etwas unternehmen konnten.
Aber eines Tages hatte Daddy Mention gerade seinen kleinen Vorrat Schnaps eingekauft, als der Weiße einen Bekannten traf. Er stieg aus und bat Daddy Mention, einen Augenblick zu warten. Das war völlig überflüssig. Ein Bulle erschien und steckte Daddy Mention dorthin, wo der dann recht lange ganz bequem warten konnte. Der Polizist hatte schon darauf gelauert, Daddy endlich einlochen zu können, aber er sollte mit ihm auch im Gefängnis keinen Spaß erleben. Er tat so, als wolle er Daddy necken und zog ihn damit auf, daß er immer mit einem Weißen zusammen in die Stadt gekommen war. »Du glaubst wohl, du bist ebenso gut wie das weiße Volk«, sagte er zu Daddy Mention, und der lachte.
Daddy Mention kam es so vor, als wolle der Polizist sich mit ihm anlegen. Da fing er an, Geschichten zu erzählen. Eine handelte davon, wie Gott die Menschen erschuf und den Teig in den Ofen schob. Als er den Teig zum erstenmal herausholte, erzählte Daddy Mention dem Polizisten, war er fast nirgends braun, er war gelb.
Er stellte diesen Teig auf die Seite, und daraus wurden später die Leute, die in fremden Ländern wohnen, die Türken und so. Dann holte er richtigen braunen Teig aus dem Ofen.

Daddy Mention erzählte dem Polizisten, wie dieser Teig richtig durchgebacken und gut gewürzt ausschaute. Das gab die Schwarzen. Sie lachten beide. »Aber was wurde aus dem restlichen Teig, Junge?« fragte der Polizist Daddy schließlich.

»Ja was wohl? Das war das, was übriggeblieben war. Es kam überhaupt nicht erst in den Ofen. Es blieb roh, und daraus haben sie dann alle Polizisten der Welt gemacht.«

Daddy Mention lachte, so laut er konnte, und der Polizist lachte auch.

Ich weiß nicht, ob auch der Richter gelacht hat, jedenfalls gab er Daddy Mention am nächsten Tag zwei Jahre Gefängnis.

Daddy Mentions Flucht

Daddy Mention gefiel es in den Gefängnissen in Polk County schon recht gut, nur Lakeland mochte er nicht. Als sie ihn dorthin schickten, erklärte er ihnen, er werde nicht lange bleiben. Sie hatten ihn wegen Landstreicherei eingebuchtet. Das hatte Daddy Mention nicht gern. Hatte er ihnen nicht erklärt, er habe Orangen gepflückt und dabei so viel Geld verdient, daß er es nun nicht nötig hatte, eine Woche oder zwei zu arbeiten? Er hatte ihnen gesagt, er könne sich ja gleich wieder Arbeit suchen, wenn er pleite sei, aber ihr wißt ja, die in Polk County lassen sich nichts erklären. Sie lochten Daddy Mention ein. Sie gaben ihm neunzig Tage, gradweg. Neunzig Tage, ohne Abkürzung bei guter Führung. Er kam in eine Arbeitskolonne, die Baumstümpfe rodete, kaum daß er auf der Farm eingetroffen war.

Es war Nachmittag, als Daddy Mention mit der Arbeit dort anfing, und am ersten Tag ging alles gut. Er schimpfte etwas vor sich hin, als er sah, was die Gefangenen zum Abendessen bekommen, aber er sagte nicht viel. Am nächsten Morgen nahm er zusammen mit uns anderen sein Frühstück ein — Maisgrütze und Speckfett, aber ohne Speck — und zog mit uns zusammen in die Wälder. Ehe es zehn Uhr war — du fängst in Polk County um sechs an — hatte Cap'n Smith Daddy Mention schon zwei- oder dreimal angeschnauzt. Er arbeitete nicht rasch genug. Als er zum Mittagessen ging, brüllte er bei Tisch: »Sie behandeln mich hier nicht recht.«

Nach dem Essen, als wir in Reih und Glied wieder in die Wälder marschierten, kam Cap'n Smith zu Daddy Mention herüber. »Junge«, grölte er, »willst du heute nachmittag in die Kiste, oder willst du arbeiten?« Zuerst antwortete Daddy nichts, dann sagte er ziemlich langsam:

155

»Ganz wie Sie wünschen, Cap'n.«

Der Cap'n wurde aus dieser Antwort nicht recht klug, also sperrte er Daddy Mention noch rasch in die Kiste. Er ging erst wieder am nächsten Tag nach ihm schauen:

»Na«, sagte er, »willst du nicht vielleicht doch lieber rauskommen und arbeiten?«

»Ganz wie Sie wollen, Cap'n.«

Ich habe Cap'n Smith dabei nicht zugeschaut, aber man hat mir erzählt, er sei so heißgelaufen, daß man Eier auf seinem Gesicht hätte braten können. Er warf die Tür zur Kiste zu und ließ Daddy einen weiteren Tag da drinnen. Aber auch dann kam Daddy noch nicht raus. Es war immer wieder die gleiche Mühle. Cap'n Smith stellte die gleiche Frage, Daddy Mention gab die gleiche Antwort.

Schließlich überlegte der Cap'n sich, daß Daddy Mention vielleicht gar nicht so schlau sei, wie man ihm erzählt hatte, sondern ganz einfach auf den Kopf gefallen. Also ließ er eines Tages Mention heraus und teilte ihn zum Bäumefällen ein.

Daddy Mention war froh, herauszukommen, denn er hatte sich vorgenommen, nach Tampa zu gehen. Er erzählte einigen aus der Kolonne davon, als der Cap'n nicht zuhörte. Aber Daddy wußte auch, daß man da nicht einfach so abhauen kann. Damit kommt man dort nicht weit. In Mulberry würden sie ihn bestimmt erwischt und zurück ins Gefängnis gebracht haben. Aber Daddy Mention hatte einen Plan. Keiner von uns wußte viel davon. Er redete wenig. Aber wir sahen, daß er mehr Arbeit tat als all die anderen in der Kolonne. Er legte allein einen Baum um und holte sich nur einen Mann zu Hilfe, um ihn auf den Stapel zu schmeißen.

Als er sicher war, daß ihn der Cap'n sehen würde, nahm er den Baum ganz allein auf und schleppte ihn ein langes Stück. ehe er ihn hinschmiß.

Der Cap'n wollte es einfach nicht für möglich halten, daß ein einzelner Mann eine von den großen Fichten aufnehmen und durch die Gegend tragen könne. Er rief Daddy Mention und ließ es ihn wieder tun, und dann mußte er es so vormachen. daß die anderen es sehen konnten. Es dauerte nicht lange, und der Cap'n und seine Freunde verdienten sich etwas Taschengeld damit, daß sie mit anderen Leuten darüber wetteten, ob Daddy Mention diesen oder jenen Baum allein tragen könne. Sie hatten auch nichts dagegen, daß Daddy bei diesen Wetten selbst ein paar Cent verdiente.

So wurde es zu einem vertrauten Bild, daß Daddy Mention im Gefängnishof herumspazierte und einen Baumstamm auf der Schulter trug. Jeder war daran gewöhnt. Darauf hatte

156

Daddy Mention nur gewartet. Eines Nachmittags kam er aus den Wäldern und brachte einen großen Stamm mit. Der Cap'n nahm wohl an, einer der anderen Wächter hätte Daddy Mention das befohlen. Er stellte keine Fragen. Daddy Mention nahm den Stamm mit in den Eßsaal, lehnte ihn an die Wand und ging mit uns anderen den Fraß fassen. Er schien nicht in Eile, aber er sagte auch nicht viel.

Als fast alle mit dem Essen fertig waren, stand er auf und ging wieder zu seinem Stamm. Die meisten von den Cap'ns und den Wachen standen draußen im Hof und schauten zu, wie Daddy Mention an dem schweren Stamm astete. Daddy clownte einen Augenblick vor den Wachen herum und dann ging er auf das Tor zu, immer noch mit dem Stamm auf der Schulter. Die Wachen gaben nichts darauf, denn: hat man je einen Sträfling mit einem Baumstamm auf der Schulter durchbrennen sehen?

Nun müßt ihr noch wissen, daß man an den Wohnräumen der Wachen vorbei muß, ehe man in Lakeland Blue Jay ans Tor kommt. Daddy Mention sah sich nicht um, und keiner sagte etwas zu ihm. Die Wachen müssen wohl gedacht haben, andere Wachen hätten ihn mit dem Stamm irgendwo hingeschickt, wegen 'ner Wette oder so. Daddy Mention ging durch das Tor und lief auf die Straße nach Hillborough County hinaus. Er hatte immer noch den Stamm auf der Schulter. Ich habe ihn dann erst wieder nach langer Zeit in Tampa gesehen.

Ich konnte mir einfach nicht vorstellen, wie er bis nach Hillborough County gekommen war, von Polk aus, bei all den Wachen entlang der Straße, nachdem er aus Lakeland Blue Jay heraus war. Deswegen habe ich ihn später gefragt.

»Ich bekam keinen Ärger«, sagte er mir, »ich behielt immer den Stamm auf der Schulter, und jeder, der vorbeikam, meinte wohl, er sei von einem Lastwagen heruntergerollt, und ich brächte ihn jetzt zurück. Sie sagten sich, es bringt doch niemand fertig, einen so schweren Fichtenstamm zu klauen und damit auf der Landstraße entlang zu spazieren. Sie kümmerten sich nicht einmal um mich, als ich an die Grenze von Polk County kam. Sobald ich dann in Plant City war, ging ich zu einem Sägewerk und habe dort den Holzstamm verkauft. Danach besaß ich genug Geld, um bis Tampa mit der Bahn zu fahren. In Polk County sehen die mich nie mehr wieder.«

Stagolee

Stagolee war ohne Zweifel der übelste Neger, der je gelebt hat. Stagolee war so böse, daß die Fliegen im Sommer um seinen Kopf einen Bogen machten und es im Winter nicht auf sein Haus schneite. Er war böse, wirklich.

Stagolee wuchs auf einer Plantage in Georgia auf, und als er zwei Jahre alt war, entschloß er sich, sein Leben damit zu verbringen, Baumwolle zu pflücken und für das weiße Volk zu arbeiten. Mit fünf Jahren aber brannte er durch. Er hatte genug davon. Er nahm die Straße unter seine Füße, seine Gitarre auf den Rücken, in der einen Tasche ein Spiel Karten, in der anderen Tasche einen 44er Revolver. Er stellte sich vor, mehr werde er nicht brauchen. Wenn die Frauen ihn den Blues spielen hörten, konnte er jede rumkriegen, die ihm in den Sinn kam. Wenn er Geld brauchte, machte er ein Glücksspiel und gewann. Wenn ihm jemand frech kam, hatte er seinen Revolver.

Mit der Zeit breitete sich sein Ruf im ganzen Land aus. Es fing damit an, daß er in einer Kneipe in Alabama eines Nachts Karten spielte und so ein Anfänger ihn bescheißen wollte. Der alte Stag zog seinen Revolver und schoß den Burschen auf der Stelle tot. Dann schleppte er die Leiche in die Mitte des Raumes und benutzte sie als Kartentisch. Ein andermal, als sich wieder so etwas zutrug, stellte er die Leiche neben sich ab, und ein Kumpel von ihm, der etwas klein geraten war, setzte sich drauf. Es brauchte nicht lange, bis das Wort herum war, er sein ein ganz Gefährlicher. Selbst die Weißen nahmen sich vor ihm in acht. Und das will viel heißen. Nun, einmal spielte Stagolee mit einem Kerl, der Billy Lyons hieß, Karten. Billy Lyons gehörte zu den Leuten, die so tun, als seien sie etwas Besseres. Er hatte ein bißchen Bildung mitbekommen, und das kann einem schon auf die Nerven gehen. Billy Lyons hatte eine wissenschaftliche Methode für das Glücksspiel mit Karten entwickelt. Stagolee spielte nach der Nigger-Methode. Sie fingen an zu spielen, und natürlich nahm Stag Billy Lyons all sein Geld ab. Da drehte Billy durch. Er wurde so wütend, daß er über den Tisch langte, Stagolee seinen Stetson-Hut vom Kopf schlug und ihm ins Gesicht spuckte.

Warum hat er das nur getan? Er hätte sich sonst alles auf der Welt herausnehmen können, nur das nicht. Stag zog seinen 44er Revolver, und Billy fing an zu winseln.

»Nun schauen Sie doch mal her, Mr. Stagolee. Es war doch nicht böse gemeint. Hab mich vergessen. Soll nicht wieder vorkommen. Ich entschuldige mich.«

Er hob den Stetson-Hut auf, putzte den Staub ab und gab ihn Stag zurück.

Stagolee lächelte nicht.

»Bitte, erschießen Sie mich nicht. Bitte, Mr. Stagolee. Ich muß für zwei Kinder und eine Frau aufkommen. Haben Sie doch ein Einsehen.«

Stagolee sagte:

»Schon gut, Gott wird für deine Kinder sorgen. Ich kümmere mich um deine Frau.«

Und mit diesen Worten blies er Billy Lyons das Lebenslicht aus.

Stagolee besah sich die Leiche eine Minute, dann ging er zu Billy Lyon's Haus und erzählte Mrs. Billy, ihr Mann sei tot, er ziehe jetzt hier ein. Und das tat er denn auch.

Nun gab es einen neuen Sheriff in der Stadt, der hatte von Stagolee gehört, aber er war ganz wild. Es wollte ihm einfach nicht in den Kopf, daß Stagolee frei herumlaufen sollte, ohne zu arbeiten, ohne Kriegsanleihen zu kaufen und dann immer noch auf das weiße Volk schimpfen.

Er rechnete sich aus, jetzt, da Stagolee Billy Lyons erschossen habe, gäbe es für ihn eine Chance.

Der Sheriff sagte zu seinen Deputies: »Also, Männer, Stagolee hat heute nacht einen Mann erschossen. Wir schnappen ihn uns.«

Die Deputies sahen ihn groß an. »Nun, Sheriff, was ist schon dabei, ab und zu mal einen Mann umzulegen.«

»Das ist gut für die Gesundheit«, sagte ein anderer von den Deputies.

»Nun«, erklärte ihnen der Sheriff, »das gilt für einen weißen Mann, aber doch nicht für einen Nigger.«

»Sheriff, ihr überlegt euch besser, was ihr da über Stagolee redet. Er ist einer der Führer der Gemeinde hier. Ihr könnt nicht hergehen und so von einem der besseren Bürger reden.«

Der Sheriff sah den Deputy an:

»Ich glaube, ihr Männer habt Angst. Angst vor einem Nigger!«

Die Deputies dachten eine halbe Sekunde nach. »Sheriff«, sagte dann einer von ihnen, »lassen Sie es mich so ausdrücken: wir haben einen gesunden Respekt vor Stagolee. Vor einiger Zeit haben wir ein Abkommen mit ihm geschlossen. Wir haben versprochen, wir lassen ihn in Frieden, dann läßt er auch uns in Frieden. Das kommt gut hin.«

»Nun, wir werden Stagolee festnehmen«, sprach der Sheriff, »nehmt eure Waffen und auf geht's!«

Die Deputies standen auf, nahmen ihre Waffen und legten sie ins Fach.

»Sheriff, wenn Ihr Stagolee wollt, müßt Ihr ihn Euch schon selbst holen.«

Und sie gingen zur Tür hinaus, zum Büro des Leichenbestatters, und bestellten dort einen Sarg für den Sheriff.

Als die anderen weißen Leute davon hörten, was der Sheriff vorhatte, rannten sie zu ihm, um mit ihm zu reden.

»Sheriff, ihr könnt doch hier den Frieden nicht stören.«

Aber er wollte keine Vernunft annehmen.

Nun hörte Stagolee davon, daß der Sheriff nach ihm suchte, und da er ein Gentleman war, sprang er aus dem Bett, sagte Mrs. Billy, er werde bald wieder zurück sein und ging hinunter in die Bar. Er hatte kaum seinen ersten Drink bestellt, da kam der Sheriff auch schon durch die Tür herein.

Er ging auf den Barkeeper zu und fragte:

»Was ist das für ein Bursche am anderen Ende der Bar? Du weißt doch, daß es gegen das Gesetz ist, in der Stadt nach Mitternacht zu trinken. Wer ist das?«

Der Barkeeper lehnte sich über die Theke und flüsterte ihm ins Ohr:

»Nicht so laut. Das ist Stagolee. Er trinkt, wenn er durstig ist, und gewöhnlich ist das nach Mitternacht.«

Der Sheriff trat auf Stagolee zu. Stagolee sah sich nicht einmal um. Der Sheriff zog seine Waffe. Stagolee sah sich immer noch nicht um. Der Sheriff feuerte ein paar Schuß in die Luft. Stagolee goß sich noch einen Drink ein und kippte ihn herunter. Endlich sagte der Sheriff:

»Stagolee. Ich bin der Sheriff. Ich bin ein Weißer. Hast du keine Angst?«

Stagolee wandte sich langsam um:

»Du magst der Sheriff sein, du magst weiß sein, aber du bist nicht Stagolee. Nun schluck das und verdau es!«

Der Sheriff sagte:

»Ich verhafte dich wegen des Mordes an Billy Lyons.«

»Du und was für eine Armee? Wird doch nicht etwa die Armee der Vereinigten Staaten sein, die habe ich nämlich schon geschlagen.«

»Ich und die Armee«, brüllte der Sheriff und stieß Stagolee seine Pistole zwischen die Rippen.

Ehe der Sheriff auch nur Atem holen konnte, traf ihn Stagolee am Kopf und darauf flog er durch den Raum. Stagolee holte seine Pistole heraus, durchsiebte ihn mit drei Kugeln, steckte die Waffe wieder ein, nahm noch einen Drink und war auf dem Weg zur Tür, als der Körper gerade auf den Dielen aufschlug.

Am nächsten Tag ging Stagolee zum Begräbnis von Billy Lyons und zum Begräbnis des Sheriffs, und dann ließ er sich wieder bei Mrs. Billy häuslich nieder. Sie hatte weiter nichts dagegen. Alle Frauen wußten, wie gut Stagolee aussah. Er war auch immer höflich zu Frauen, hatte viel Geld, und was braucht es mehr zu einem guten Ehemann?

Stagolee hatte aber einen Fehler. Er trank zuviel. Einmal im Monat kaufte er allen Schnaps auf, der im County erhältlich war, und ließ sich vollaufen, und wenn ich sage, vollaufen, dann meine ich auch wirklich voll.

Der neue Sheriff wartete, bis eine dieser Nächte kam und Stag total betrunken flach im Bett lag.

Als der Sheriff Stagolee so daliegen sah, rief er alle Mitglieder des Ku-Klux-Klan zusammen, und das waren alle Weißen in den vier umliegenden Counties.

Sie brachen in das Haus ein. Sie hatten den Lynchstrick schon bereit und warfen ihn Stagolee über den Kopf.

Aber in der Minute, in der der Strick seinen Hals berührte, war Stagolee hellwach und völlig nüchtern. Als die Weißen das sahen, stolperten sie über ihre eigenen Beine, so rasch versuchten sie, davonzulaufen.

Stagolee blieb cool. Das sollte er wohl. Er hatte das cool-Bleiben erfunden.

»Seid ihr alle gekommen, um mich zu hängen?«

Der Sheriff sagte, dem sei so. Stagolee stand auf, streckte sich, gähnte und kratzte sich. Dann sprach er:

»Nun, da ich jetzt schon einmal munter bin ... gehen wir, damit wir die Sache rasch hinter uns bringen und ich wieder ins Bett kann.«

Sie führten ihn hinter das Gefängnis, wo sie schon einen Galgen gezimmert hatten. Stagolee stieg auf das Podest. Der Sheriff legte ihm die Schlinge um den Hals. Dann öffnete der Henker die Falltür. Und da baumelte Stag nun, unter sich nichts als zehn Fuß Luft, aber er lachte dabei so laut, wie man noch nie einen Menschen hat lachen gehört. Sie ließen ihn eine halbe Stunde hängen, und Stagolee lachte immer noch.

»He, Mann, das Seil kitzelt!« rief er.

Die weißen Leute sahen einander an, und dann begriffen sie, daß Stagolees Hals einfach nicht brechen wollte. Also schnitten sie ihn los, und Stagolee ging heim und legte sich ins Bett.

Von da an ließ der neue Sheriff Stagolee in Frieden. Und er hätte klüger daran getan, das von Anfang an so zu halten.

Frankie und Albert

Albert war die ganze Nacht fortgewesen. Als er am Morgen, kurz ehe es hell wurde, heimkam, legte er sich aufs Bett. Frankie schaffte beim weißen Volk in der Küche.
»Nun hör zu, Baby, ich lauf nur rasch das Frühstück machen. Ich bin gleich wieder da.«

> *Albert war Frankies Liebster,*
> *Ach, taten die verliebt,*
> *Schworen sich ewige Treue,*
> *daß es so was noch gibt.*
> *Sie stand auf ihn, doch er nützte sie aus.*

Albert hatte sich ins Kissen gekuschelt, aber er beobachtete Frankie. Kaum war sie fort, da stand der Schuft auf und lief aus dem Haus. Frankie blieb nicht lange fort. Sie hatte schon ganz gerötete Augen, so viel hatte sie wegen Albert geweint. Als sie ins Zimmer trat, war er auf und davon. Aber unter dem Kissen lag sein Revolver. Sie nahm die Waffe an sich.
Frankie ging in den Saloon, wo sie ihren Whiskey und ihr Bier herkriegten — auf Kredit, wenn sie kein Geld hatten. Wenn Albert sich mit anderen Frauen herumtrieb, kehrte er immer erst einmal dort ein und goß sich einen hinter die Binde.

> *Frankie schlich um die Ecke,*
> *Trank in der Kneipe ein Bier,*
> *fragte den weißen Kellner:*
> *War mein Albert nicht hier?*

Wie das so ist, wenn man einen weißen Mann fragt, er kann nicht lügen, nicht, wenn er dich kennt, wenn er beide kennt. Er sagt's der Frau. Er weiß, wenn sie eine gute Frau ist, ist's eine Gemeinheit, und also sagt er's ihr, wo sich der Mann rumtreibt.
Der Kellner trat auf Frankie zu, und als er hinter der Theke hervorkam, fing er an zu quasseln. Er sagte ihr die Wahrheit, und dabei fuhr er sich mit der Hand durchs Haar.

> *Der Kellner in der Kneipe,*
> *der hat sie aufgeklärt.*
> *Er steckt's ihr, Albert sei bei Nelly Bly,*
> *weil er selbst die Frankie verehrt.*
> *So kam es raus, wie's der Albert trieb.*

Sie läuft fort. Läuft und läuft, bis sie vor dem Haus dieser Frau steht. Sie schaut durch das Fenster.

> *Zur Zwölften Straße lief Frankie.*
> *Es war ihr einerlei.*
> *In einem roten Plüschsalon,*
> *fand sie Albert bei Nelly Bly.*
> *Nun haltet euch fest, jetzt wird's kriminell.*

Albert sitzt bei Nelly auf dem Schoß. Er hat seine Arme um
ihren Hals gelegt. Er küßt sie.

> *Frankie zieht den Revolver.*
> *Und eh' sich die beiden versehn,*
> *hat der Albert drei Kugeln im Bauch.*
> *Da war es um ihn geschehn.*
> *Er starb sofort. Nelly Bly tat das leid.*

Als Frankie auf Albert geschossen hatte, sank sie auf die
Knie und rief, sich selbst anklagend, nach der Polizei.

> *Für Frankie, die arme Verliebte,*
> *stürzte der Himmel ein:*
> *»Wo find' ich wieder einen Mann*
> *wie Albert so treu und fein?«*
> *»Ich hab' bess're gekannt«, meinte Nelly Bly.*

Jetzt kam das Überfallauto mit den Polizisten an. Sie verhörten Frankie. Sie wollten wissen, was sie in all den Minuten an diesem Morgen gemacht hatte.

> *Frankie kam erst ins Gefängnis,*
> *dann auf den elektrischen Stuhl.*
> *Und später, als sie schon tot war,*
> *sank sie in den Höllenpfuhl.*
> *Ihr war das egal, schließlich war sie jetzt tot.*
> *Die Geschichte will nicht belehren.*
> *Die Geschichte hat keine Moral.*
> *Die Geschichte will euch nur sagen,*
> *Liebe bringt oft auch Qual.*
> *Drum, eh' ihr euch vergafft,*
> *überlegt's euch genau.*

Quellenverzeichnis

Wie die Schwarzen und Weißen entstanden
Dem Herausgeber erzählt von Fred Redfield in McComb, Missis-sippi, Juli 1968.

Wie Gott die Schmetterlinge erschuf
Nach: Zora Neale Hurston, Mule and Men, Philadelphia 1939.

Warum die Affen wie Menschen aussehen
In: Nigerian Folktales, edited by Barbara R. and Warren S. Wal-ker, New Brunswick 1961.

Warum die Menschen arbeiten müssen
Nach: The Origin of Life and Death in African Creation, edited by Ulli Beier, London 1966.

Wie die Klapperschlange ihre Klappern bekam
Nach: Julius Lester, Black Folktales, New York 1970; frühere Quelle: Tales of the Brazos, New Orleans 1861.

Das Mädchen mit den großen Augen
In: Not even God is ripe enough, Yoruba Stories, edited by Ba-kare Gbadamosi and Ulli Beier, London 1968.

Der Sohn des Kim-ana-u-eze und die Tochter von Sonne und Mond
In: African Myths and Tales, edited by Susan Feldman, New York 1963.

Jack und die Tochter des Teufels
Bekannt in zahlreichen Versionen, unter anderem aufgezeichnet von Zora Neale Hurston in: Mule and Men, a.a.O.
Auch in: American Negro Folktales, edited by Richard M. Dorson, New York 1957.
Varianten in Afrika und auf den Antillen. Englische Variante: The Devils Pretty Daughter. In: Custom and Myth, London 1901. Variante der Indianer in: Thomas, Tales of the North American Indians, Cambridge 1929.

Das Teerbaby
Zuerst aufgezeichnet von Joel Chandler Harris in Uncle Remus and his Friends, Boston 1892.
Die von Harris fixierten und in eine Rahmenhandlung gestellten Stoffe sind aber in mündlicher Überlieferung schon lange vor die-ser Publikation bekannt. Die Urgestalt des »Teerbaby« ist mög-licherweise ein Voodooidol.
Anhaltspunkte über die geographische Verbreitung dieses Motivs

in: Negro Tales from West Virginia, Journals of American Folklore, Okt./Dez. 1934.

Bruder Kaninchen lehrt den Bären ein Lied
In: Negro Tales from West Virginia, a.a.O.

Schwester Gans und Bruder Fuchs
Offensichtlich eine Parodie nach dem Muster der Bruder-Kaninchen-Geschichten.
In: Publications of the Texas Folklore Society, No. II, 1923.

Bruder Kaninchen und die Wassermelonen
In: Negro Tales from Georgia, Journals of American Folklore, 1912.

Bruder Kaninchens Sohn und der Teufel
In: B. Robertson, Red Hills and Cotton, an Upcountry Memory, New York 1942.

Bruder Waschbär geht auf eine Hausparty bei Miss Fox
In: Journals of American Folklore, 1912, gesammelt von Mrs. E. M. Backus und Mrs. Ethel Hatton Leitner in Grovetown Country, Georgia.

Die Landschildkröte fährt in die Wolken
In: Journals of American Folklore, 1912, a.a.O.

Die Geschichten von John und dem Alten Herrn
Ein feststehender Typ in der Folklore der nordamerikanischen Schwarzen. Wahrscheinlich handelt es sich um Bruchstücke einer Geschichtenkette oder eines Zyklus. Dabei tauchen jeweils zwei Konstellationen immer wieder auf: Geschichten, bei denen der Alte weiße Herr seinen schwarzen Sklaven übertölpelt und Geschichten, bei denen John schlau seinen weißen Herrn an der Nase herum führt.
In: Zora Neale Hurston, Mule and Men, a.a.O., und Richard M. Dorson, American Negro Folklore, 1967. Dorson sammelte Versionen dieser Geschichten in Michigan, Arkansas und Mississippi.

Lias Offenbarung, Onkel Bobs Reise nach Neu-England und Pompey und der Herr
Vom Herausgeber aufgezeichnet nach mündlicher Überlieferung in McComb, Mississippi, 1968.
Auch enthalten in: The Book of Negro Folklore, edited by Langston Hughes and Arna Bontemps, New York 1958.

Ein Sklavenrätsel
William J. Falkner erzählt von Simon Brown, Society Hill, Süd Carolina, um 1905.

Adam und Eva
In: God bless the Devil, edited by James E. Aswell, New Orleans 1897.

Diese Geschichten sind das Vorbild zu Mark Twains »Adam und Eva« gewesen.

Wie die Dummheit in die Welt kam
In: David L. Cohn, When I was Born and Raised, Boston 1935.
Siehe auch in: Frederik Hetmann, Wer bekommt das Opossum, Recklinghausen 1968.

Noah
In: Ol' Man Adam an' His Chillun, Being Tales They tell about the Time when the Lord walked the Earth like Natural Man, edited by Roak Bradford, New York 1928.
Siehe auch in: Frederik Hetmann, Wer bekommt das Opossum, a.a.O.

Der Mann, der aus Johnstown in den Himmel ging, Denken über-flüssig, Zukunfts-Probleme, Der Fels, Das Weihnachtsgeschenk
In: The Book of Negro Folklore, a.a.O.

Lula, Ruiniert
In: From Nigger to Nigger, edited by E. C. L. Adams, New York 1928.

Die-Wah-Die
In: Manuscripts of the Federal Writers Project of the Works Progress Administration for the State of Florida, S. 40—45, 1938.
An der Straße No. 17, nördlich von Jacksonville, betrieb ein Wei-ßer einen großen Barbecue-Stand, der Diddy-Wah-Diddy hieß. Er erklärte, er habe den Stand so genannt, weil er die Schwarzen aus der Umgebung unter dieser Bezeichnung von einem mythischen Ort, an dem es gutes Essen gab, habe erzählen hören.

Voodoo, Voodoo-Riten, Voodoo und Hexen
In: Folkbeliefs of the Southern Negroes, edited by Newbell E. Puckett, Chapel Hill 1926.
Siehe auch: Historical Sketchbook and Guide to New Orleans, New York 1885.

Voodoo-Rezepte
Zora Neale Hurston, Mules and Men, a.a.O.

Vier schwarze Katzen und anderes mehr
Howard W. Odum, Cold Blue Moon, Black Ulysses afar off, In-dianapolis 1931.

Des Teufels Wohnung in New Orleans
In: Gumbo Ya-Ya, a Collection of Louisiana Folk-Tales, edited by Lyle Saxon, Boston 1945.

Die Seejungfrauen
In: American Negro Folktales, a.a.O.
Ähnliche Geschichten sind von den Sea Islands und aus Jamaica

bekannt. In den USA ist die Geschichte bis in den Mittelwesten unter Schwarzen verbreitet.

Das Bell-Gespenst in Tennessee und Mississippi
Nicht unbedingt nur zur schwarzen Folklore zu rechnen. Der Erzähler dieser Version ist offenbar ein Weißer. Der Herausgeber hörte aber auch Schwarze in Mississippi diese Gespenster-Geschichte mit märchenhaften Zügen erzählen.

Zum erstenmal gedruckt in: M. V. Ingram, An Authentical History of the Family Bell's Witch, Clarksville, Tennessee 1894. Siehe auch: Journals of American Folklore, Jan/March 1934, Bericht von Arthur Palmer Hudson und Pete Kyle Mc. Carter.
In deutscher Sprache: Frederik Hetmann, Amerika Saga, Freiburg i. Br. 1964.

Law & Order, Schnelle Abreise, Bleib weg, Nie eine Badewanne gesehen, Rotes Licht, Kälteres Eis, Die Weißen erziehen, Die eigene Soße, Strafe, Landstreicher, Der Gouverneur, In Arkansas
Die Protestgeschichte wird von Dorson als eigenständiger Typ der schwarzen, nordamerikanischen Folklore kategorisiert. Sie steht zwischen Anekdote und sozialkritischem Witz. Die hier aufgeführten Beispiele ließen sich um Hunderte von anderen vermehren.
In: American Negro Folktales, a.a.O.

Weiß gewinnt immer, Pferdefliege, Süden, Gut dran, Vater und Sohn, Samstagabend, Mutterwitz, Diener, Herr Maultier, Neutralität
In: The Book of Negro Folklore, a.a.O.

High John, der Eroberer
Ein über den ganzen Süden hin verbreitetes Märchen. Hier in der einige andere Motive aus dem »John-und-Alter-Herr«-Zyklus integrierenden Version. In: Julius Lester, Black Folktales, a.a.O.
Eine frühere Version, von Zora Neale Hurston notiert, findet sich im American Mercury Magazine.

Annie Christmas
Vom Herausgeber aufgeschrieben in McComb, Mississippi, 1968.

Bras Coupé
In: George W. Cable, The Grandissimes and Strange True Stories of Louisiana, New Orleans 1883.

John Henry
In: Louis W. Chappel, John Henry, A Folklore Study, Jena 1933. Siehe auch: Guy B. Johnson, John Henry, Tracking down a Negro Legend, Chapel Hill 1929 und American Ballads and Folk Songs, collected and compiled by John A. Lomax and Alan Lomax, New York 1934.

Railroad Bill
In: Carl Carmen, The Hurricane's Children, Tales from your

Neck o'the Wood, New York 1937. Siehe auch: Frederik Hetmann, Amerika Saga, Freiburg i. Br. 1964.

Daddy Mention
In: Manuscript of the Federal Writer's Project of Works Progress Administration for The State of Florida, a.a. O.

Stagolee
Die »schwarze« Version von Stackalee (s. Nordamerikanische Märchen, Fischer Taschenbuch Verlag, Band 1390).
Die hier nacherzählte Version kursierte in Harlem gegen Ende der sechziger Jahre.
Siehe auch: Roger D. Abraham, Deep down in the Jungle, Chicago 1963, und Julius Lester, Black Folktales, a.a.O.

Frankie und Albert
Manchmal auch »Frankie and Johnie«. Nach Negro Folksongs as sung by Leadbelly, New York 1936.

Einen besonderen Hinweis verdient noch Roger D. Abrahams, Deep Down in the Jungle, Negro Narrative Folklore for the streets of Philadelphia. Jeder, der sich für die besondere psychologische Situation der Getto- und Slumbewohner amerikanischer Großstädte und die Sprachprobleme des schwarzen Proletariats interessiert, sollte dieses Buch lesen.
Die in ihm enthaltenen Texte deuten darauf hin, daß in den Gettos der nordamerikanischen Schwarzen eine ganz neue, durch ihre Vitalität und Wortgewandtheit beeindruckende Folklore im Entstehen ist.

Fischer FlickFlack

Schluß mit der Langeweile

Jetzt gibt es Fischer FlickFlack. Vierfarbige Jugendbücher zum Basteln, Spielen, Lernen zum Taschengeldpreis.

Wolle ist nicht nur zum Stricken
FF 1

Hütten zum Selberbauen
FF 2

Drachenbauen –
neu entdeckt
FF 3

Modellieren –
machst Du mit?
FF 4

Mit Deiner Kamera auf Jagd
FF 5

Viel Spaß auf langer Fahrt
FF 6

Heute spielen wir im Haus
FF 7

Seht, was Hände alles können
FF 8

Hokuspokusfidibus
FF 11

Papier hat viele Seiten
FF 15

Wie Robinson leben
FF 9

Mein Zimmer gehört mir!
FF 14

Mit Farbe drucken
FF 16

Spielzeug –
zum Selberbasteln
FF 17

Kleine Modelle –
Große Sache
FF 18

Beliebte Erzähler

Eine Auswahl

Alfred Andersch
Mein Verschwinden in
Providence. Erzählungen. Bd. 1400

Johannes Bobrowski
Levins Mühle. 34 Sätze über
meinen Großvater. Bd. 956

Michail Bulgakow
Der Meister und Margarita.
Roman. Bd. 1098

Wilkie Collins
Lucilla. Roman. Bd. 1201

Joseph Conrad
Die Schattenlinie. Bd. 1355

F. M. Dostojewski
Der Doppelgänger. Roman. Bd. 1250
Der Spieler. Roman. Bd. 1256
Die Brüder Karamasoff.
Roman in 4 Teilen mit einem Epilog.
Bd. 1258/1, 1258/2
Erzählungen. Bd. 1263

Otto Flake
Das Bild und andere Liebesgeschichten. Bd. 1209

Albrecht Goes
Das Brandopfer. Erzählungen.
Bd. 1524

William Golding
Herr der Fliegen. Roman. Bd. 1462

Manfred Hausmann
Abel mit der Mundharmonika.
Roman. Bd. 1525

Ernest Hemingway
Wem die Stunde schlägt. Roman.
Bd. 408

Alice Herdan — Zuckmayer
Die Farm in den grünen Bergen.
Bd. 142
Das Kästchen. Die Geheimnisse
einer Kindheit. Bd. 733
Das Scheusal. Die Geschichte einer
sonderbaren Erbschaft. Bd. 1528

Hermann Hesse
Schön ist die Jugend. Erzählungen.
Bd. 1273

Hugo von Hofmannsthal
Das Märchen der 672. Nacht /
Reitergeschichten / Das Erlebnis
des Marschalls von Bassompierre.
Bd. 1357

Aldous Huxley
Schöne neue Welt. Ein Roman der
Zukunft. Bd. 26

James Jones
Verdammt in alle Ewigkeit. Roman.
Bd. 1124

Franz Kafka
Das Urteil und andere Erzählungen.
Bd. 19
Sämtliche Erzählungen. Bd. 1078

Hermann Kant
Die Aula. Bd. 931
Das Impressum. Roman. Bd. 1630

Eduard von Keyserling
Beate und Mareile. Eine Schloßgeschichte. Bd. 1552

Beliebte Erzähler

Eine Auswahl

Selma Lagerlöf
Der Fuhrmann des Todes.
Erzählungen. Bd. 1461

Siegfried Lenz
So zärtlich war Suleyken.
Masurische Geschichten. Bd. 312

Jack London
Goldgräbergeschichten. Bd. 1431

Thomas Mann
Die Erzählungen. Bd. 1591/1592
Der Erwählte. Roman. Bd. 1532
Königliche Hoheit. Bd. 2
Der Tod in Venedig und andere
Erzählungen. Bd. 54
Lotte in Weimar. Bd. 300
Bekenntnisse des Hochstaplers
Felix Krull. Der Memoiren erster
Teil. Bd. 639
Buddenbrooks.
Verfall einer Familie. Bd. 661
Doktor Faustus.
Das Leben des deutschen
Tonsetzers Adrian Leverkühn,
erzählt von einem Freunde. Bd. 1230

Boris Pasternak
Doktor Schiwago. Roman. Bd. 587

Ernst Penzoldt
Die Powenzbande. Zoologie einer
Familie. Bd. 1406

Luigi Pirandello
Novellen für ein Jahr. Bd. 1336

Luise Rinser
Ich bin Tobias. Roman. Bd. 1551
Ein Bündel weißer Narzissen.
Erzählungen. Bd. 1612

Joseph Roth
Das Spinnennetz. Roman. Bd. 1151

Arthur Schnitzler
Casanovas Heimfahrt. Erzählungen.
Bd. 1343

Alexander Solschenizyn
Der erste Kreis der Hölle. Roman.
Bd. 1410

Patrick White
Der Maler. Roman. Bd. 1482

Thornton Wilder
Die Brücke von San Luis Rey. Bd. 1
Der achte Schöpfungstag. Roman.
Bd. 1444

Carl Zuckmayer
Die Fastnachtsbeichte. Bd. 1599
Eine Liebesgeschichte. Bd. 1560
Herr über Leben und Tod. Bd. 6
Der Seelenbräu. Erzählungen.
Bd. 140

Arnold Zweig
Erziehung vor Verdun. Bd. 1523

Stefan Zweig
Schachnovelle. Bd. 1522
Phantastische Nacht.
Vier Erzählungen. Bd. 45

Mord
-Geschichten für lüsterne Krimileser

Dorothy Sayers
Die neun Schneider
Roman
Band 641

Kriminalgeschichten
Band 739

Mein Hobby: Mord
Roman
Band 897

Rendez-vous zum Mord
Kriminalgeschichten
Band 1077

Die geheimnisvolle Entführung
und acht andere Kriminalgeschichten
Band 1093

Lord Peters Hochzeitsfahrt
Roman
Band 1159

Ein Toter zu wenig
Roman
Band 1368

Lord Peters schwerster Fall
Roman
Band 1433

Celia Fremlin
Klimax oder Außerordentliches Beispiel von Mutterliebe
Kriminalroman
Band 1563

Sir Hugh Greene (Hg.)
Die Rivalen des Sherlock Holmes
Viktorianische Detektivgeschichten 1/2
Band 1424/1425

Maurice Leblanc
Der Kristallstöpsel oder Die Mißgeschicke des Arsène Lupin
Kriminalroman
Band 1361

813 — Das Doppelleben des Arsène Lupin
Kriminalroman
Band 1385

Margarete Millar
Die Süßholzraspler
Kriminalroman
Band 1484

Ein Fremder liegt in meinem Grab
Kriminalroman
Band 1219

Michael Molsner
Rote Messe
Kriminalroman
Band 1415

Einige Morde
Mordgeschichten
Band 1067

Teuflischer Lesespaß

Stunde der Vampire
Hg.: Peter Haining.
Band 1527

Ungeheuer
Hg.: Peter Haining.
Band 1417

Spuk
Hg.: Peter Haining.
Band 1447

Schrecksekunden
Hg.: Lady C. Asquith.
Band 1348

Blutige Küsse
Horror-Roman von
Theodore Sturgeon
Band 1485

Englische
Gespenstergeschichten
Hg.: Mary Hottinger.
Band 666

Französische
Gespenstergeschichten
Hg.: Hans Rauschning.
Band 596

Russische
Gespenstergeschichten
Hg.: J. von Guenther.
Band 426

Sanfter Schrecken
10 ruchlose Geschichten
von Stanley Ellin.
Band 536

FISCHER
TASCHENBÜCHER

DAS SCHMÖKER KABINETT

Wilhelmine Heimburg
Lumpenmüllers
Lieschen
Roman. Bd. 1434

C. F. Marryat
Peter Simpel
Roman. Bd. 1441

Balduin Möllhausen
Die Mandanen-Waise
Roman. Bd. 1449

Eugenie Marlitt
Goldelse
Roman. Bd. 1473

Reichsgräfin Gisela
Roman. Bd. 1555

Das Heideprinzeßchen
Roman. Bd. 1607

Karl May
Die Sklaven der Arbeit
Roman. Bd. 1480

Gabriel Ferry
Der Waldläufer
Roman. Bd. 1/2, 1486/1487

Julius Stinde
Familie Buchholz
Roman. Bd. 1525

Frau Wilhelmine Buchholz
Roman. Bd. 1585

Philipp Galen
Der Irre von
St. James
Roman. Bd. 1506

Balduin Möllhausen
Die Kinder des
Sträflings
Roman. Bd. 1513

Marcus Clarke
Deportiert auf Lebenszeit
Roman. Bd. 1537

Emmuska Baroneß Orczy
Scarlet Pimpernel oder
Das scharlachrote Siegel
Roman. Bd. 1531

Jules Verne
Mathias Sandorf
Roman. Bd. 1565

Mayne Reid
Die Skalpjäger
Roman. Bd. 1578

Sophie Wörishöffer
Onnen Visser
Der Schmugglersohn
von Norderney
Roman. Bd. 1594

Mary Elizabeth Braddon
Lady Audley's Geheimnis
Roman. Bd. 1618

FISCHER
TASCHENBÜCHER

Jules Verne

Werke in 20 Bänden

Der Fischer Taschenbuch Verlag präsentiert seinen Lesern die erste Taschenbuchausgabe der Werke von Jules Verne. Junge Schriftsteller haben das Werk dieses Autors, das am Beginn der modernen Tatsachenliteratur steht, für den Leser unserer Zeit neu übersetzt und eingerichtet. Die Bände sind einzeln und komplett in Kassette lieferbar.

Reise zum Mittelpunkt der Erde

Fünf Wochen im Ballon

Die Kinder des Kapitäns Grant

Von der Erde zum Mond

Reise um den Mond

20 000 Meilen unter den Meeren

Reise um die Erde in 80 Tagen

Die geheimnisvolle Insel

Der Kurier des Zaren

Die 500 Millionen der Begum

Der Schuß am Kilimandscharo

Der Stahlelefant

Keraban der Starrkopf

Das Karpatenschloß/ Katastrophe im Atlantik

Meister Antifers wunderbare Abenteuer

Zwei Jahre Ferien

Die Jagd nach dem Meteor

Die Propellerinsel

Reise durch das Sonnensystem

Die Eissphinx

Die Welt der Märchen

Afrikanische Märchen
Hg.: Friedrich Becker
Bd. 969

Chinesische Märchen
Hg.: Josef Guter
Bd. 1408

Deutsche Volksmärchen seit Grimm
Bd. 1175

Französische Märchen
Bd. 1153

Keltische Märchen
Hg.: Frederik Hetmann
Bd. 1593

Koreanische Märchen
Hg.: Traute Scharf
Bd. 1365

Indianermärchen aus Nordamerika
Hg.: Frederik Hetmann
Bd. 1110

Indische Märchen
Bd. 1137

Südamerikanische Märchen
Hg.: Felix Karlinger
Bd. 1337

Irische Märchen
Hg.: Frederik Hetmann
Bd. 1225

Japanische Märchen
Hg.: Toschio Ozawa
Bd. 1469

Jugoslawische Märchen
Hg.: Joseph Schütz
Bd. 1289

Märchen aus Mallorca
Nacherzählt von Alexander Mehdevi
Bd. 1526

Märchen des Schwarzen Amerika
Hg.: Frederik Hetmann
Bd. 1497

Märchen, Sagen und Fabeln der Hottentotten und Kaffern
Hg.: Ulrich Benzel
Bd. 1614

Nordamerikanische Märchen
Hg.: Frederik Hetmann
Bd. 1390

Seemanns-Sagen und Schiffer-Märchen
Hg.: Rolf L. Temming
Bd. 1377

Skandinavische Märchen
Hg.: Heinz Barüske
Bd. 1321

Spanische Märchen
Bd. 1203

Vietnamesische Märchen
Hg.: Pham Duy Khiêm
Bd. 925

FISCHER
TASCHENBÜCHER